哲学研究 第六百八号

JN077483

トマス・アクィナスの《モドゥス》研究（一）

――《モドゥス》の存在論的側面――

周藤多紀

一 序

トマス・アクィナスの著作の随所には「モドゥス (modus)」という言葉が見られる。[1] トマスは、他の中世の思想家と同様、しばしば言葉の意味を区別したり、同じ事柄が複数の角度から考察されることを指摘して、哲学・神学的問題の解決を計っている。「〜は二通り (dupliciter) に理解される。一つの仕方 (uno modo) では…。また別の仕方 (alio modo) では…。」といった表現は、スコラ哲学の研究者にとって日常的に遭遇するものであり、そこで使われている「モドゥス」という言葉は気にも留まらないものになっている。じっさい、こうした箇所で、「モドゥス」という言葉はあってもなくてもかまわない、つまり「一つの仕方」「別の仕方」と言う代わりに「第一に (primo)」「第二に (secundo)」と言っても何ら差し支えはない。

しかし、トマスの「モドゥス」の用例のなかには、単純な「仕方」という意味に解消されないようなものも散見される。トマスによれば、あらゆる被造的善・有は「モドゥス・形象 (species)・秩序 (ordo)」を備えている。この「モドゥス」は、日本語の訳語として「格調」「限度」「適度」といった言葉が選ばれてきたことからも察せられるように、被造的世界のなかで各被造的善・有がもつ「己の分・限界」を含意している。[2] したがって、被造的善・有のひとつである徳にも「モドゥス」がある。徳のモドゥスは、遵守すべき「いわば徳の一種の形相」であって、「徳の賞賛がそれに主要に依存し、徳がそれから名称も得るもの」とされている。[3] これらの記述を踏まえると、単なる「仕方」に解消されない「モドゥス」は、(1) 事物が有する限界であり、形相と見なされるような存在論的側面、(2) 事物が有するべき限界であって、道徳的評価の根拠となるような倫理的側面、(3) 事物の命名の根拠となるような意味論的側面をもつと言うことができるだろう。

一連のトマスの「モドゥス」研究の第一部をなす本稿では、トマスの「モドゥス」の存在論的側面を、その歴史的源泉にも注意を払いながら考察する。

二　アウグスティヌスにおける「モドゥス」

「あらゆる被造的善・有がモドゥス・形象・秩序をもつ」との主張は、トマスの著作のなかでは、アウグスティヌスの同様の主張を支持する文脈で論じられている。こうした主張をアウグスティヌスは『知恵書』の解釈を通して展開した。「しかしあなたは、物差し (μέτρον) と数 (ἀριθμός) と秤 (σταθμός) とによってすべてを按配された」(『知恵書』(第一一章二〇〔二一〕節、聖書協会共同訳)。この一節をもって、創造の際に神はすべての被造物にモドゥスと形象と秩序を与えた、とアウグスティヌスは解釈したのである。[4] つまり、モドゥスは、創造に際して被造物に与えられた三つの要素のうちの一つであると解釈された。[5] 以下では、まず、この意味での「モドゥス」をめぐるアウグスティヌスの主要な発言――そのうちのいくつかについてはトマスが言及・論述している――を考察しておきたい。[6]

（一）『善の本性について』における「モドゥス」

アウグスティヌスの著作のうち、「あらゆる被造物がモドゥス・形象・秩序をもつ」との主張が認められるのは、『善の本性について』と『神の国』である。(7)以下に引用する『善の本性について』第三章の一節は、トマスが幾度となく言及しているテクストでもある。

これら三つのもの、つまりモドゥス・形象・秩序の三つは、霊であれ物体であれ、神によって造られた事物において、いわば一般的な善（generalia bona）として存在している。かくして神は、被造物のあらゆるモドゥスを超え、あらゆる形象を超え、あらゆる秩序を超えている。しかし神は、空間的な場所において超えているのではなく、言い表すことができない、独自の能力において超えているのであり、この神によってすべてのモドゥス、すべての形象、すべての秩序が存在しているのである。これら三つのものが大きい場合には大きな善が存在し、小さい場合には小さい善が存在する。これら三つのものがない場合には、いかなる善も存在しない。さらにまた、これら三つのものが大きい場合には大きな本性が存在し、小さい場合には小さい本性が存在する。これら三つのものがない場合には、いかなる本性も存在しない。(8)

ここでアウグスティヌスは、モドゥス・形象・秩序は、神が被造物に与えたものであるが、その神は被造物のあらゆるモドゥス・形象・秩序を超えていることを指摘している。また、モドゥス・形象・秩序という三要素が、あらゆる被造的善・有に認められること、各要素に認められる程度の差が善や本性のレベルに比例することを明確にしている。それに対して「悪」は、この一節に続く箇所で、「モドゥス、あるいは形象、あるいは自然本性的秩序の腐敗にほかならない」(9)とされている。

これらの箇所以外でも、アウグスティヌスは「モドゥス」について注目すべき発言をしている。上掲箇所では、なぜ被造物がモドゥスを備えているのかについて、神が与えたという以上の説明はされていない。しかし『善の本性について』の後半で、アウグスティヌスは次のように言っている。「神によって造られた神以外のものは、自身のモドゥスに応じて（pro modo suo）神から存在（esse）を受けとった」[10]。かくしてモドゥスは「存在の受容」に伴う要素とされているのである。

さらに、アウグスティヌスは「モドゥス」という言葉の多義性に注意を向けて、「モドゥス」はどういう意味で神に当てはまり、どういう意味で当てはまらないのかについても考察を繰り広げている。「モドゥス」の主要な意味の一つは「節度」であり、モドゥスを超えているものは「節度がない（immodicus）」と言われて非難されるが[11]、被造物のモドゥスを超えている神は「節度がない（immoderatus）」のではない。神は、すべてのものに対して、なんらかの仕方《モドゥス》で存在できるようにとモドゥスを割り当てる。善の大小はモドゥスの大小に比例しているのだから、最高善たる神は「最大・最高のモドゥス（summus modus）」と言える。しかし「モドゥス」という言葉は「限界（finis）」を意味することもある。この意味では「神にはモドゥスがない」と言うのが正しい[12]。

また、「悪しき仕方《モドゥス》」と言うことがあるが、モドゥス自体が悪かったり、悪くなったりするわけではない。「すべてのモドゥスはモドゥスである限りにおいて善い」[13]。悪しき仕方《モドゥス》とは適度《モドゥス》（節度）が保たれていない状態なのである[14]。

（二）『創世記逐語註解』における「モドゥス」と「尺度」

『ファウストゥス駁論』と『三位一体論』十一巻及び『創世記逐語註解』では[15]、被造物のうちに存在する三つの要素として、『知恵書』（ウルガタ訳）の言葉どおりの三つ「尺度（mensura）・数（numerus）・重さ（pondus）」が列挙されている。このうち『創世記逐語註解』では、これらが創造以前にどこにあったのかという問いの下に考察がすすめられている。創造以前には創造者である神しか存在しなかったのだから、この三つの要素は神のうちにあったはずだ、とアウグスティヌスは推測する。続いて、いったんは、「神は、尺度でも数でも重さでも、これらすべてでもない」と言う。しかし、ただちに「神が尺度・数・重さである」と解釈可能なことを示唆し、以下の引用部に続く一文で、神を「尺度なき尺度」「数なき数」「重さなき重さ」と呼ぶ。(16)

あるいは、われわれが測る事物のうちに尺度を、われわれが数える事物のうちに数を、われわれが重さを測定する事物のうちに重さを認識するそのような限りにおいて、神は尺度・数・重さであるのではなく、尺度がすべての事物にモドゥスをあらかじめ定め（praefigit）、数がすべての事物に形象を与え、重さがすべての事物を安息と安定へともたらす限りにおいて、神は根源的に、真に、そして独自な仕方で尺度・数・重さなのであろうか。――神は、すべてのものを限定し（terminat）、すべてのものを形成し、すべてのものを秩序づける御方であるのだから。(17)

ここには、後にトマスが引用することになる、『知恵書』の三要素と先述の三要素（「モドゥス・形象・秩序」）の関係についての記述がある。神は、百メートル、一個、一〇トンといったように、数値化されるような通常の意味での「尺度・数・重さ」ではない。しかし、神は最たる意味で「尺度・数・重さ」である、と解釈することができる。そうした意味での「尺度・数・重さ」とは、各事物に対してモドゥス、形象、安息と安定を与えるものである。そして、被造物における「尺度・数・重さ」を超えるという仕方で、否定的にのみ捉えられる、神の「尺度・数・重さ」を理解するために、アウグスティヌスは、各要素（尺度・数・重さ）が被造物のうちにいかなる仕方で認められるのか、という点についても考察を巡らせる。

じっさい尺度・数・重さは、たんに石や木、これに類した物塊や、地上のものであれ天上のものであれ、どれほどの大きさのものであっても、物体的なものだけに認められ、思考されうるものではない。取り返しのつかない、度を失った展開にならないように、或る事を為す時の尺度というものがある。また魂の情念や徳にも数がある。この数によって愚かさの歪みから知恵の形相と美へと引き上げられるのである。また意志や愛にも重さがある。欲求や逃避、重視や軽視をすることで、意志や愛にとって、何がどれほどの重みをもつべきがあらわになるのである。しかし（他の物事を比量するときに用いられる）魂、精神の尺度は別の尺度によって定められており、数は別の数によって形成されており、重さは別の重さによって引き寄せられている。それに対して、「尺度なき尺度」は、それに由来するものがこの尺度に自らを合わせるものであるが、それ自身は他のものに由来しない。数なき数は、それによってすべてものが形成されるものであるが、それ自身は形成されるものではない。重さなき重さは、それへと関係づけられることで、純粋な喜びである安息が得られるものだが、その重さは他のものへと関係づけられてはいない。(18)

先に引用した『善の本性について』では、「モドゥス・形象・秩序」が、霊にも物体にも備わっている、と述べられていた。同様に、ここでは、「尺度・数・重さ」が物体的なものだけではなく、非物体的なものにおいても認められる、としている。「尺度・数・重さ」は石や木や星といったモノだけに認められるのではない。行為や徳や心の動きにも備わっている。さらにアウグスティヌスは、被造物に備わる「尺度・数・重さ」が、神の「尺度・数・重さ」に基づいて造られたことを示唆する。

被造物に備わる「尺度・数・重さ」は一様ではない。被造物の種類によって異なり、しかも一定の範囲内で変化する。じっさい、我々が目にする動植物は、成長・衰退するにつれて嵩や重さが増減するし、環境によって個体数も変化する。

したがって、「あなたは、すべてのものを尺度と数と重さにおいて配備された」という（『知恵書』の）言葉は、すべてのものが自らに固有の尺度、固有の数、固有の重さをもつように配備された、という意味であると解することにしよう。各々に固有の尺度・数・重さは、それらのものにあって、各々の種類の可変性にしたがって変化する。つまり増大と減少、多さと少なさ、軽さと重さの点で変化するのであるが、これは神の配備によるのである。(19)

「モドゥス」について、『創世記逐語註解』では上述の箇所以上の発言は見いだされない。しかし、被造物の「モドゥス」は、被造物の「尺度《メンスーラ》」と同様に、神の「尺度《メンスーラ》」が定めるものとされており、ラテン語の「モドゥス」と「メンスーラ」は同じような意味をもつことから、被造物の「尺度」と同じものであると考えられる。つまり、被造物のモドゥスは、（言うまでもなく）神によって定められているものであり、被造物の種類によって異なるものであり、しかも種によって異なる一定の範囲内で増減するものであるということになる。

（三）その他の作品における「モドゥス」と三つ組のヴァリエーション

トマスが、アウグスティヌスに依拠しつつ「モドゥス」を論じる際に頻繁に言及・引用するのは、上で分析した二つのテクスト（一）（二）だが、その他の作品にも、トマスの「モドゥス」解釈に通じる、重要な発言がみられる。アウグスティヌスは、「形のない素材から宇宙を造られたあなたの全能の手」（『知恵書』一一章二〇〔二一〕節、聖書協会共同訳）を受けて、『信仰と信条』で、世界の創造を以下のように説明する。

たとえ世界が何らかの質料から造られたとしても、その質料そのものが無から造られたのであって、神のきわめて秩序だった御業（ordinatissimum munus）によって、まず、形相を受容する能力（capacitas formarum）が生じ、次いで、形成されたすべてのものが形成されることになったのである。[20]

アウグスティヌスは、神は形相を与えただけではなく、形づくられる可能性・能力をも与えたということを強調する。そして、質料が何らかの仕方《モドゥス》で存在して形相を受けとることが可能になるためには、モドゥスをもつ必要があり、そのモドゥスは神によってのみ与えられると主張している。[21]

また『八十三問題集』では、すべてのものは形象によって包み込まれているとしたうえで、存在するものは形象なしには存在せず、形象があるところには必ずモドゥスがある、と述べている。[22]

これらの発言をあわせると、モドゥス・形相（形象）・存在の関係について、アウグスティヌスは次のように考えていると言うことができるだろう。――形相をもつことで事物は存在する。しかし、形相をもつためには、形相を受容可能な質料が何らかの仕方《モドゥス》で存在しなければならない。したがって、形相をもつもの、つまり存在するものには、必ずモドゥスがある。

そして、すべての被造物がもつとされる三つ組の要素については、『知恵書』由来の「尺度・数・重さ」とアウグスティヌス独自の「モドゥス・形象・秩序」以外にもいくつかのヴァリエーションがある。「モドゥス」が他のどういう概念と連関をもっているのかを理解するために、そのヴァリエーションを概観しておきたい。

『マニ教徒に対する創世記註解』[23]や『自由意思論』には、『知恵書』の「重さ」に代えて「秩序」を採った三つ組「尺度・数・秩序」がみられる。『自由意思論』には「モドゥス・形象・秩序」という名詞表現はみられないものの、神が卓越した万物の製作者であることを信じないものは「すべての可視的な本性が各自の類にしたがって規定

され (moderata)、形づくられ (formata)、秩序づけられている (ordinata) ことを観取することはないだろう」と言われている。(24) これと呼応するかのように、後の箇所では、神は「万物の製作者 (auctor)、形成者 (formator)、統治者 (ordinator)」(25) と呼ばれている。

被造物が備えるとされる要素の数がなぜ三つなのかという点は、神の三一性と関連づけて理解されている。三位一体の神によって造られた被造物にも或る種の三一性が認められる、というのである。こうした三位一体論がらみの文脈で提示されているのが、「一性 (unitas)」や「存在 (esse)」を筆頭に置く三つ組である。『三位一体論』第六巻では、被造物における「一性・形象・秩序」の現存が、神の三位一体の痕跡 (vestigium) として語られる。(26) アウグスティヌスは各要素と神のペルソナの対応関係について明確にしていないが、一性が父に、形象が子に、秩序が聖霊に対応すると推測される。また『真の宗教』には、「存在」と「一」の双方に言及した、次のような記述がある。

> すべての知性的・動物的・物体的被造物は、同じ創造者たる三位一体によって、それが存在する限りにおいて存在し (esse inquantum est)、自身の形象をもち、極めて秩序だった仕方で支配されていることが何の疑いもなく観取される。…(すべての事物・実体・本質・本性は)これら三つのものを同時に (simul) もっている。つまり、すべてのものは或る一つのもの (unum aliquod) であり、固有の形象によって他のものから区別され、事物の秩序を超えることはない。(27)

「存在する (esse)」に代えて「存立する (constare / subsistere)」(28) を用いたものもある。三位一体について問うた『八十三問題集』の第一八問では、三つの要素は「存立の原理 (quo constat)」「区別の原理 (quo discernitur)」「適合の原理 (quo congruit)」として提示されている。事物は、第一の原理によって「存在し (sit)」、第二の原理によって他のものと異なる「このもの（hoc）」として存在し、第三の原理によって「自分自身に親しいもの（sibi amica）」となる、と言われている。

以上の三つ組のヴァリエーションの概観から、「モドゥス」は「尺度」、「一性」、「存在」と強い結びつきをもち、「父」の位格に比せられるような、事物にとって根源的な要素として位置づけられている、と言うことができるだろう。

三　トマスによる、アウグスティヌスの「モドゥス」解釈

（一）『神学大全』第一部第五問第五項

トマス・アクィナスは、『神学大全』第一部第五問第五項で、「善の性格《ラチオ》は、モドゥス・形象・秩序のうちに成り立つか」という問いをたてて、アウグスティヌスの三つ組の概念を論じている。トマスの「モドゥス」の存在論的側面を考察するうえでの最重要箇所であるので、以下に主文ほぼ全てを引用する。(29)

一つ一つのものは完成されたもの（perfectum）である限りにおいて「善きもの」と言われる。すでに述べられたように、一つ一つのものは完成されたものである限りにおいて、欲求されうるものであるからである。ところで「完成されたもの」と言われるのは、そのものの完全性の限度《モドゥス》にしたがって何ら欠けるところのないものである。しかるに一つ一つのものがまさにその存在するもの（id quod est）であるのは、（a）そのものの形相による。しかるに形相は（b）何らかのものを前提とし（praesupponit）、形相には（c）何らかのものが必ず伴う（consequuntur）。それゆえ何らかのものが完成された善きものであるためには、そのものは（a）形相と、（b）形相のためにまずもって必要とされる（praeexiguntur）ものと、(30)（c）形相に伴うものをもたなければなら

ない。ところで、形相のためにまずもって必要とされるのは、諸々の原理、すなわち質料的諸原理ないしはその形相を作出する諸原理（principia）の限定（determinatio）ないしは均衡（commensuratio）であって、これが「モドゥス」によって表示されているものである。「尺度（mensura）がモドゥスを前もって定める」と言われているのはそのためである。また形相そのものが「形象《スペキエス》」によって表示されている。一つ一つのものが種《スペキエス》において確立されるのは形相によるからである。「数は形象を与える」と言われているのはそのためである。なぜなら種を表示する定義は、哲学者が『形而上学』第八巻において述べているように、数のようなものであるからである。というのも、一を加えたり引いたりすることによって数の種が変わるように、定義においても種差を加えたり取り去ったりすることによって種が変わるからである。また、形相には、目的に対する、あるいは作用に対する、あるいは何かこの類のものに対する傾向が伴う。じっさい、一つ一つのものは、現実に存在するかぎりにおいて作用し、自らの形相にしたがって自らに適合するものへと傾くのである。これが「重さ」ないし「秩序」に属することである。したがって、善の性格は、それが完全性のうちに成り立つ限りにおいて、モドゥス、形象、秩序のうちにおいても成り立つのである。

トマスは、アウグスティヌスの『創世記逐語註解』を引用しながら、一つ一つのものが善きもの、存在するものであるために必要な三つの要素が「モドゥス」「形象」「秩序」という言葉に対応している、と解釈している。その三つの要素とは（a）形相と（b）形相の前提となるものと（c）形相に伴うものである。トマスが「形象《スペキエス》」を事物の種《スペキエス》を規定する（a）形相と解釈していることは明白である。また、「秩序」を（c）に相当する事物の自然本性的傾向と関係づけていることは容易に読み取ることができる。しかし、「モドゥス」の解釈の説明はさほど明解ではない。モドゥスが表示する「質料的諸原理ないしは形相を作出する諸原理」の「限定ないしは均衡」とはいったい何なのか。

まず、ここで「諸原理」と複数形で言われていること、「原因（causa）」ではなく「原理（principium）」と言われていることに注意すべきである。あらゆる「原因」は「原理・始まり（principium）」であるが、すべての「原理・始まり」が「原因」であるわけではない。黒いものが白いものへと変化するとき、黒いものは一連の性質変化の「始まり」であるが「原因」ではない。「原理」とは、「（生成や性質変化を含む広い意味での）運動が存在し始めるところのもの（id a quo incipit esse motus）」である。(31)

トマスが、複数の「原理」として何を考えているのか、「限定ないしは均衡」とはどういう事態なのかについて具体例とともに考えてみることにしよう。たとえば、火の実体形相が存在するには、可燃性を備えたもの（木や紙）が乾燥している必要がある。また生命、つまり魂という実体形相をもつものは、生命をもたないものとは異なる質料的条件を必要とする。生命をもつものでも植物と動物では、動物のなかでも種によって、異なる質料的条件があると考えられる。こうした質料的条件は、トマスの考え方にしたがえば、元素（火・空気・水・土）の混合の割合によって実現される。各元素は能動的性質（熱・冷）と受動的性質（湿・乾）を有している。火は熱と乾を、空気は熱と湿を、水は冷と湿を、土は冷と乾を有している。したがって、元素の混合は一種の中間的な状態（例えば、温かく湿り気を帯びた性質）を作り出す。(32) トマスが「質料的諸原理」として考えているのは、諸元素ないしは諸元素がもつ能動・受動的性質であり、「質料的諸原理の限定・均衡」と呼んでいるのは、諸元素ないしは諸元素がもつ諸性質の混合の割合、あるいはそれらが特定の割合で混合されることで実現されている性質がもつ中間的な状態を指していると考えられる。(33)

また、熱いものは熱いものを、冷たいものは冷たいものを生む（火は水を熱くし、氷は水を冷やす）。人間は人間を生み、犬は犬を生み、猫は猫を生む。さらにトマスは、この月下界の物体の生成消滅は、天体の運動の影響下にあると考えている。[34] そして天体は天球を動かす天使によって、[35] 天使は神によって動かされていると考えている。[36] したがって、特定の形相をもつものが生み出されるには、(i) それと同じ形相をもつもの、(ii) 天体、(iii) 天使、(iv) 神という複数の作出的原理が必要とされる。トマスが「形相を作出する諸原理の限定・均衡」と呼んでいるのは、これらの作出的原理の特定の状態と連動を指していると考えられる。たとえば、新しく犬の実体形相が作られる（子犬が生まれる）には、雌犬とオス犬が交尾しなければならない。交尾の行動、排卵（アリストテレス、トマスの考えにしたがえば月経血の放出）や精子の放出、受精（トマスの考えにしたがえば感覚的魂の生成）[37] は、月や太陽が地球に対して特定の位置にあることを原因としている。そして月や太陽は、神が定めたとおりに天使によって動かされている。無生物や非理性的動物の場合と人間の場合とでは、人間の行為には人間の自由意思が関与する、人間の魂（形相）は神によって直接作り出される、といった違いはあるが、上述の四つの作出的原理の連動によって形相が生み出されるということには変わりない。[38]

ところで、上掲の主文では、「モドゥス」は「質料的諸原理の限定」を示すとされているので、形相よりも質料の側に位置づけられるようにみえるが、第二異論解答ではむしろ形相の側に位置づけられている。

じっさいそれら〔モドゥス・形象・秩序〕が善きものと言われるのは、何か別のものをいわば形相として (quasi formaliter) 別のものによって善いからではなく、かえってそれら自体を形相として (formaliter) 或るものが善いからである。

事物はモドゥスを備えることによって善きもの、存在するものであるという観点からすれば、モドゥスは事物の形相そのものではないが、「形相的なもの」であると言うことができるのである。

(二)『真理論』第二一問第六項

トマスは、『真理論』第二一問第六項では、「アウグスティヌスの言うように、被造的善はモドゥス・形象・秩序のうちに成り立つか」という問いを立てて、アウグスティヌスの三つ組の概念を論じている。問題文から窺えるように、『神学大全』に先んじて書かれたこの著作では、アウグスティヌスの権威が全面に押し出されており、善一般ではなく被造的善に焦点を絞って論じられている。

二つの反対異論が三つの概念相互の区別について簡潔な見通しを与えてくれる。第三反対異論では、ボエティウスの『デ・ヘブドマディブス』に言及しながら、神が被造物に対してもつ三つの原因性(作出因・目的因・範型的形相因)と三つ組の概念が関係づけられている。被造物は作出因――つまりものを存在せしめる原因――としての神に関係づけられる限りで神によってあらかじめ定められた(praefixtum)モドゥスをもつ。そして範型的形相因としての神に関係づけられる限りでは「形象」を、目的因としての神に関係づけられる限りでは「秩序」をもつ。

第四反対異論では、被造物は理性的被造物によって神へと秩序づけられる限りで善い、としたうえで、そのために必要とされる「実在(existens)」「可認識性(cognoscibilis)」「秩序づけられていること(ordinata)」という三つの要素と三つ組の概念を関連づけている。そして、実在は「モドゥス」によって、可認識性は「形象」によって、秩序づけられていることは「秩序」によって存在する、と述べている。これらの反対異論から、モドゥスが、根本的には形相よりも存在・実在と関係づけられた概念であることが予測される。じっさい、反対異論に続くトマスの解答は、これらの反対異論で示唆されているモドゥスと存在《エッセ》の根源的な関係を支持するものとなっている。

トマスは、まず、善は(「父」や「子」のような)関係そのものを表示する名称ではないが、(「知識」のように)関係を伴うものを表示することで関係を含意している名称である、と述べる。そして、「善」が含意している関係は「完成することができる(perfectivum)」という関係である、とする。(39) 続けてトマスは次のように言う。

「完成することができる」という関係が成立するのは、或るものが形象の性格《ラチオ》においてだけではなく、実在のうちに有している存在《エッセ》においても〔他のものを〕完成することができるからである。じっさい、こうした仕方《モドゥス》で、目的は目的への手段を完成させる。ところで、被造物は自らの存在《エッセ》ではないから、受容された存在《エッセ》を所有するのでなければならない。そしてこのために、被造物の存在はその存在を受容しているものの尺度（mensura）にしたがって限界づけられ（finitum）、定められている（terminatum）のである。こうした訳で、アウグスティヌスが提示している先の三つのもので最後のもの、すなわち「秩序」が、「善きもの」という名称が含意している関係なのである。他の二つ、すなわち「形象」と「モドゥス」は、その関係を生ぜしめているものである。じっさい、〔アウグスティヌスがいう〕「形象」は形象の性格そのものに属している。そして、或るものの内で存在するものはすべて受容者の在り方《モドゥス》にしたがってそのものの内に存在するのであるから、形象は或るものの内で存在を有している限りで、或る限定された仕方《モドゥス》で受容されているのである。以上のような訳で、一つ一つの善きものは、形象の性格と存在の点で「完成することができるもの」である限りにおいて、「モドゥス」と「形象」と「秩序」を同時に（simul）有しているのである。「形象」を有するのは、形象の性格そのものと関わっており、「モドゥス」を有するのは存在と関わっており、「秩序」を有するのは「完成することができる」という関係それ自体と関わっている。

この箇所を読むだけでは、『神学大全』にも増して、トマスが何をいおうとしているのか明瞭ではない。しかし『真理論』第二一問第一項「善（bonum）は在るもの（ens）に何かを付加するか」の解答も踏まえると、次のように考えることができる。Aが善きものであるのは、AがBを完成させることができるからである。ここに成立しているAとBの関係を示しているのが「秩序」である。このAとBの関係は、（i）認識と（ii）欲求という二つの観点において成立している。上掲の箇所で「形象の性格」と言われているのが（ⅰ）認識の観点に対応し、「存在」と言われているのが（ⅱ）欲求の観点に対応する。Aは形象の性格をもつ、つまり形象を備えることによってBの認識対象となり、Bの知性を完成させる。また、Aは存在することによってBの欲求の対象（目的）となり、Bの欲求を完成させる。「目的は目的への手段を完成させる」のは、（ⅱ）の欲求の観点（存在）においてである。というのも、目的の手段は目的へと関係づけられることでそれとして完成するのだが、そうしたことは、そもそも目的となるものが存在していて、欲求されていなければありえないからである。さて、このように事物に秩序を生じさせる原因である形象と存在は事物に同時に備わる。というのは、「形象をもつ」とは、形象が形象をもつものの内に存在していることだからである。そして、被造物は存在そのものではないから、その存在は（形象をもつ当のものによる）限定《モドゥス》を必然的に伴う。したがって、形象（形相）とモドゥスは事物に同時に備わると言うことができるのであり、『神学大全』での「前提とする」「まずもって必要とされる」、『真理論』での「あらかじめ定められた」といった表現は、モドゥスの形相に対する時間的な先行性を示すものと理解してはならない。生成の過程で形相に時間的に先行すると言えるのは質料であってモドゥスではない。モドゥスなしには質料も形相も存在しないのであるから、モドゥスは本性上ないしは完全性の観点において形相に先行する、と言うべきなのである。(40)

（三）『神学大全』第二・一部第八十五問第四項

トマスがアウグスティヌスの三つ組の概念を論じた第三の主要な箇所は、『神学大全』第二・一部第八十五問第四項「モドゥス・形象・秩序の欠如は罪の結果であるか」である。

第一部で述べられたように、モドゥス・形象・秩序は一つ一つの被造的善に、それが被造的な善である限りで伴うものであり、また一つ一つの有（ens）に伴うものでもある。じっさい、すべての存在《エッセ》と善は何らかの形相を通じて考察され、その形相にしたがって種が採られる。しかるに、一つ一つの事物の形相は、それがどのようなものであろうと、実体形相であろうと付帯形相であろうと、何らかの尺度（mensura）にしたがっている。それゆえ、『形而上学』第八巻においても、「事物の形相は数のようなものである」と言われているのである。そしてこうした訳で、一つ一つの事物は尺度に応じた何らかのモドゥスを有しているのである。他方で、自身の形相に基づいて、一つ一つのものは他のものへと秩序づけられている。かくして、諸々の善の異なる段階（gradus）に応じてモドゥス・形象・秩序の異なる段階があるのである。それゆえ、自然本性（natura）を有する実体そのものに属する何らかの善があり、それは自らのモドゥス・形象・秩序を有する。その善は、罪によって欠如せしめられることも、弱減させられることもない。さらに、自然本性的傾向がもつ何らかの善があり、これも自らのモドゥス・形象・秩序を有する。そしてこの善は、前述のように、罪によって弱減させられるが、全面的に取り去られることはない。さらにまた、徳と恩寵がもつ何らかの善があって、これも自らのモドゥス・形象・秩序を有する。そして、この善は大罪によって全面的に取り去られる。また、秩序づけられた行為そのものという何らかの善があり、これもまた自らのモドゥス・形象・秩序を有する。そして、この善の欠如が本質的に罪そのものなのである。

先述の『神学大全』第一部の箇所と同様に、この問題の主文でも、トマスは形相（形象）を軸に三つの概念間の関係を説明している。まずトマスは、すべての存在と善は何らかの形相を通して考察される、と言う。続いて、第一部の箇所でも引用されていたアリストテレスの『形而上学』第八巻第三章（1043b34）の「事物の形相は数のようなものである」[41]に依拠しつつ、すべての形相は何らかの限度《モドゥス》を伴うことを示唆する。[42]形相には従わなければならない規準が存在する。一と二は似ていると言えるが同じではないように、ゴリラの形相とオランウータンの形相は似ていると言えるだろうが同じではない。一を足すと別の種の数になってしまうように、似ているものでも、差異が一定の限度を超えると別の種に属することになる。サルは賢かったり二足歩行したりしても人間ではないし、赤ん坊はサルのように見えてもサルではない。続いてトマスは、形相が秩序をもたらす、と主張している。トマスに言わせれば、人間の形相をもつものは幸福へと、石の形相をもつものは下の場所へと秩序づけられている。

このように形相と、形相が伴うモドゥスと秩序は、人間や石のような実体にのみ備わっているわけではない。自然本性的傾向にも固有の形相・モドゥス・秩序がある、とトマスは言う。したがって、実体そのものが有する「秩序」は、自然本性的傾向と深く関係しているが、自然本性的傾向そのものではない。幸福の追求や下方への移動といった自然本性的傾向が生じるのは、事物がそういった傾向をもつように出来ているからであり、その生来の性向（自然本性的傾向性）が実体そのものが有する「秩序」なのである。自然本性的傾向は、トマスの形而上学的体系のなかでは、実体に自ずから備わる「固有の付帯性（accidentia propria）」であると考えられる。[43]また、（「固有の付帯性」ではない）いわゆる「付帯性」である徳や恩寵――前者は魂の能力に付帯し、[44]後者は魂の本質に付帯するとされている[45]――や行為についても、それぞれ固有のモドゥス・形象・秩序がある、とトマスは主張している。

そして形相・モドゥス・秩序の関係について、第三異論解答で、「相伴う（se consequuntur）」ものであって「同時に（simul）欠如・弱減させられる」と述べている。主文で示唆されているように、形相をもつものは必ずモドゥスと秩序をもつ。モドゥスは形相に伴うものであり、形相は秩序をもたらすのだから、モドゥスをもつものは必ず形相と秩序をもつ。秩序は形相によって与えられ、形相は必ずモドゥスを伴うから、秩序をもつものは必ず形相とモドゥスをもつことになる。

以上三つのテクストの検討を踏まえて、形相とモドゥスの関係についてあらためて考えてみたい。『神学大全』では形相がモドゥスを伴うとされているのに対し、『真理論』主文では存在がモドゥスを伴うとされていたが、トマスは矛盾する主張をしているわけではない。『真理論』主文で示唆されているように、形相が事物のなかで実在するためにはモドゥスを伴わざるをえない、というのがトマスの一貫した主張であると考えられる。じっさいトマスは『真理論』同問の第四異論解答で、賛意とともに、アウグスティヌスの『八十三問題集』から、「或る形象が存在するところには、或るモドゥスが必然的に存在する（ubi est aliqua species, necessario est aliquis modus）」(46)という言葉を引用している。したがって、存在《エッセ》に対しては、形相よりもモドゥスが根源的な関係にある。(47)そして形相に対する「(質料的・作出的諸原理の)規定」、つまり形相にとっての形相的な条件であるモドゥスは、存在《エッセ》が形相に対してあるように、(48)形相よりも高次の原理なのである。(49)

（四）『神学大全』第一部第四十五問第七項

以上で論じた三つのテクスト以外でトマスがアウグスティヌスの三つ組の概念を論じた主要な箇所としては、『神学大全』第一部第四十五問第七項「被造物において必ず三位一体の痕跡が見いだされなければならないか」がある。この問題で、トマスはアウグスティヌスに倣い、三つ組の要素が三位一体の痕跡としてすべての被造物に認められる、と論じている。

すべての被造物は、（i）自らの存在において存立している（subsistere in suo esse）、つまり実体であり、（ii）種を決定する形相と（iii）他のものに対する秩序を有していることをトマスは指摘する。そのうえで、原因・根源を表現する（i）は御父、（ii）は御言葉（御子）、（iii）は聖霊の痕跡として理解される、と説明する。そしてアウグスティヌスが提示している三つ組のヴァリエーションのいくつか——そのなかには「モドゥス・形象・秩序」も含まれる[50]――をとりあげて、それらはすべて、被造物が（ⅰ）（ⅱ）（ⅲ）の要素をもつことを含意している、と解釈する。そうすると、「モドゥス」は自存性をもつもの、つまり実体に関わる要素ということになるが、先に論じたテクスト（三）から、トマスが実体だけではなく付帯性にも固有の「モドゥス」を認めていることは明らかである。[51]

　つまり、付帯性とモドゥスに関してトマスの発言は矛盾を含んでいるようにみえる。一方でトマスは「α」付帯性には固有のモドゥスがある、と明言している。しかし他方（この箇所）では実質的に「β」モドゥスが認められるのは実体である、としている。「β」は、「α」と矛盾する命題「γ」付帯性には固有のモドゥスがない、を含意するように思われる。そして「β」は、「δ」モドゥスは自存性に関わる要素である、を前提にしている。「δ」を「α」に適用すると「ε」付帯性は自存性をもつ、という付帯性の特質に反するようにみえる命題が引き出されることになる。

　本研究の第三部[52]「モドゥスの意味論的側面」で論じる予定であるが、モドゥスと付帯性の関係は西洋哲学史上重要な問題である。本稿では、トマスのモドゥスと付帯性の取り扱いが問題含みのものであることを指摘するにとどめておきたい。

四　「モドゥス」の二義性――被造物のモドゥスと神のモドゥス

　前節では、トマスが被造的善・有の「モドゥス・形象・秩序」をどのようなものとして理解しているかを考察した。しかしトマスは、アウグスティヌスと同様に、神にも「モドゥス・形象・秩序」を帰している。「善であることは神に適合するか」を問うた『神学大全』第一部第六問第一項の第一異論解答では、次のように言われている。

> モドゥス・形象・秩序をもつということは、原因された善の性格に属することである。これに対し、神におけ

る善とは、原因において在るものとしての善である。それゆえ神には、他のものにモドゥス・形象・秩序を賦与することが属している。ゆえにこの三者は神のうちに、原因において在るものとして存在しているのである。

神の「モドゥス・形象・秩序」と被造物の「モドゥス・形象・秩序」には二つの重要な相違がある。第一は、被造物はこの三つの要素をもつ（habere）のに対し、神はこの三つの要素である（esse）、という点である。それは、被造物が「存在をもつ」のに対し、「神は存在そのものである」とされているのと軌を一にする。[53] 第二は、この三つの要素は神においては原因（causa）として、被造物においては原因されたもの（causata）、つまり結果として存在する、という点である。

したがって「モドゥス・形象・秩序」には、原因としてのそれと結果としてのそれという、少なくとも二義性があることになる。「モドゥス」について、トマスは、その二義性を次のように分析している。

モドゥスは尺度による何らかの限定（determinatio）を含意する。しかるに、こうした限定は、尺度（mensura）のうちにも尺度によって測られたもの（mensuratum）のうちにも見いだされるが、それぞれ異なった仕方においてである。じっさい、尺度においては、こうした限定は本質的な仕方で見いだされる。というのも、尺度は自身に即して他のものを限定し、規制しうる（modificativa）からである。これに対して、尺度によって測られるものにおいては、尺度は、他のものに即して、つまり尺度に達している限りにおいて見いだされる。したがって、尺度においては規制されていないもの（immodificatum）は何ひとつありえないが、尺度によって測られた事物は、不足によってであれ、超過によってであれ、尺度に達していなければ、規制されていないのである。[54]

「モドゥス」が含意する限定は、尺度のうちにも、尺度によって測られるもののうちにも存在する。そして前者のうちには本質的に、後者のうちには他のもの、つまり尺度に即して存在する。じっさい、一メートルの物差しは、一メートル以上でも以下でもないという限定を有しているのに対し、物差しで測られる布は、測られて切り取られる前には限定されていない、と言うことができる。「モドゥス」が含意する限定が尺度と尺度によって測られるもので異なる仕方で存在するなら、「モドゥス」には「尺度が有する限定」と「測られるものの限定」という二義性があることになる。

こうしたモドゥスの二義性は、ラテン語の「モドゥス（modus）」の一般的な用法・意味に認められるものでもある。主要な古典ラテン語の辞書は、modusの意味として、「尺度」と並んで（尺度で測られる）「大きさ、長さ、量」を挙げている。[55]

五　モドゥスの段階——偽ディオニュシオスと『原因論』の伝統

前節での考察から明らかなように、限度《モドゥス》を定める尺度《モドゥス》として「モドゥス」は神にも帰しめられる。じっさいトマスは、「自らの自存する存在そのものである」という存在のモドゥス（modus essendi）を神に帰している。[56] 晩年の著作である『離在実体について』では、こうした神の存在の仕方《モドゥス》は「普遍的な存在のモドゥス（universalis modus essendi）」と呼ばれ、被造物の「限定された存在のモドゥス（determinatus modus essendi）」と対比されている。

第一の存在者から存在を分有するものは、存在を第一の根源（primum principium）におけるような存在の普遍的なモドゥスにしたがって分有するのではなく、この類やこの種に適合する、限定された存在のモドゥスにしたがって分有するのである。また、各々の事物は、その実体のモドゥスにしたがって、一つの限定された存在のモドゥスに適合するのである。(57)

神を含めたあらゆる事物についてモドゥスがあり、存在のモドゥスがある。神以外の実体は、特定の類・種だけに該当するような存在のモドゥスをもつので、「普遍的な存在のモドゥス」をもつとは言えない。言うまでもなく、形相と質料からなる質料的事物だけではなく、形相のみからなる離在実体（天使）にもモドゥスがあり、存在のモドゥスがある。

ところで、トマスは、被造物の存在や形相がモドゥスを伴うと論じるにあたって、「受けとられたものは、受けとるもののモドゥスにしたがって受けとるものにおいてある（receptum est in recipiente secundum modum recipientis）」(58)あるいは「或るものに受けとられるものはすべて、受けとるもののモドゥスによって、そのものに受けとられる（omne quod recipitur in aliquo, recipitur in eo per modum recipientis）」(59)というテーゼに依拠している。このテーゼは、いわゆる存在論の領域だけではなく、形相（形象）の受容によって説明される認識や、恩寵の受容についての説明など、じつに幅広くトマスの著作で用いられている。(60)このテーゼの思想的源泉は、「被造物は、自身のモドゥスに応じて存在を受けとる」というアウグスティヌスの言葉に、(61)或る程度見てとられる。しかし、トマス自身は、このテーゼの思想的源泉として、アウグスティヌスよりも、偽ディオニュシオスと（プロクロスの『神学綱要』の翻案である）『原因論』を念頭に置いていたようである。(62)

何かに受けとられるものはすべて、受けとるもののモドゥスによってそこに受けとられるのであって、それ自

身のモドゥスによって受けとられるのではない。これはディオニュシオス及び『原因論』に述べられているとおりである。(63)

アウグスティヌスの権威の不在の少なくとも一つの理由は、このテーゼが「諸事物には段階（gradus）がある」という発想と強い結びつきをもっていることにあると思われる。プロティノス由来の新プラトン主義の影響下にあるアウグスティヌスのなかにも諸事物の段階という発想がないわけではない。じっさい、『善の本性について』でなされているような「モドゥスの大小にしたがって本性の大小がある」、つまり本性の優劣があるとの主張は、事物の階層性を承認するものである。しかし、プロクロス由来の新プラトン主義の影響が濃厚なディオニュシオス文書や『原因論』に比べると、その発想は希薄である。つまり、アウグスティヌスは、存在の階層《ヒエラルキー》の体系化には着手していない。

他方で、上掲の存在論的テーゼは、そのままの表現で偽ディオニュシオスや『原因論』にみられるわけではない。『原因論』には、「受容」という表現はないものの、「モドゥス」を用いて類似した内容を言明している、次のような命題（第一二命題）はある。

あらゆる第一のもの（prima）のうち、或るものは他のもののうちに在るが、それは一つのものが他のもののうちに在るのを許されている様態《モドゥス》による（per modum quo licet ut sit unum eorum in alio）。

また、トマスがディオニュシオスを典拠とするにあたって念頭においていたと推定されるのは、たとえば『神名論』の次のような箇所（括弧内のラテン語はサラセンのヨハネスによる訳語）である。(64)

すべてに行きわたる完全な善性は、その周囲にあって、すべてにおいて善なる存在にとどくだけではなく、最低のものにまでとどく。存在するもののそれぞれが善性を分有することができる仕方で（ὡς/sicut）、あるものには全体的に現前し、あるものには劣った仕方で（ὑφειμένως/subiecte）、またあるものには最低の仕方で（ἐσχάτως/extreme）現前する。…というのも、もし各々のロゴスにしたがって（ἀναλόγως/proportionaliter）善が現前しないならば、最も神的で高貴なものが、最低のもの（と同一）の序列（τάξις/ordo）をもつことになるだろう。[65]

各存在者において、善性は、各自が分有可能な仕方で、各自のロゴスにしたがって現前する、と偽ディオニュシオスは主張している。「仕方」と「ロゴス」[66]を「モドゥス」に、「分有」を「受容」に置き換えると、先述の存在論的テーゼに類似した記述を得ることができる。しかし、「仕方で」と訳出している箇所で用いられているのは、形容詞や分詞を副詞化した単語であるか、たんに「～のように」を意味する副詞である。また、ギリシア語の「ロゴス（λόγος）」に対応するラテン語は「ラチオ（ratio）」である。そして、この文脈での「ロゴス（ラチオ）」は、「事物の本質規定」とも訳されるべきものであって、存在よりも本質と深い結びつきをもっている。

　テーゼそのもの、あるいは「モドゥス」に相当する単語の不在から察せられるように、[67]『原因論』も偽ディオニュシオスも「モドゥス」を核に据えた存在論の構築を図ってはいない。したがって、「モドゥス」の存在論的テーゼを用いた事象の説明はきわめてトマスの独創である、と言うことができるだろう。――事物の段階に応じてモドゥスがある。被造物は、各自のモドゥスに応じて存在や形相を受けとる。そして、トマスが、アウグスティヌス以外に、ディオニュシオス文書や『原因論』を思想的源泉として、「普遍的な存在のモドゥス」である神を頂点とする「モドゥスの段階」を構想した、と言えるのは明らかであろう。

六　補考――二種類の「存在のモドゥス」

先述のように、トマスによれば、何であれ存在するものにはモドゥスがあり、モドゥスにそくした存在の仕方《モドゥス》がある。ものは存在する以上は何らかの在り方をすることになるから、こうした主張は、ごく当たり前のことを述べているにすぎないようにも思われる。しかし、トマスが「存在のモドゥス（modus essendi）」と呼んでいるのは、わたしたちが「ものの在り方」と呼んでいるものと果たして同じだろうか。私たちが「ものの在り方」と呼ぶものは二種類に大別されるように思われる。一つは、「人間の在り方」「高等教育の在り方」のように、その種に属するものに適合した在り方である。もう一つは、「彼の在り方」「一つ一つのものの在り方」「刻々と変化するものや心の在り方」ように、個物に固有な在り方である。トマスの用語法を観察すると、トマスがこの二種類の「在り方」を指すのに、異なる表現を用いていることが分かる。

トマスは、ものの在り方を指すのに、modus essendiとmodus existendiの二つの表現を用いている。[68] 前者の用例数が圧倒的に多く、後者の約三倍ある。ここでは、トマスがmodus existendiを用いている文脈を分析することで、二つの「存在のモドゥス」の相違についての考察を深めたい。

トマスがmodus existendiという表現を用いているのは、ごく限られた場面である。そのうちの一つは「ペルソナ（persona）」に関係する場面である。「ペルソナとは何か」を問うた『能力論』第九問第二項には、次のような箇所がある。

個的な実体においては三つのものが考察されなければならない。そのうちの一つが、個物の内に存在する類や種の本性である。第二のものは、そうした本性のmodus existendiである。なぜなら、類や種の本性は個的実体の内で、この個物に固有であって、多くのものに共通ではないものとして存在するからである。しかし、それ自体で考察された本性が共通であるように、本性のmodus existendiも（それ自体で考察されるなら）共通である。（中略）しかしこうしたmodus existendiの原理——それは個別化の原理である——は共通ではなく、このものとあのものでは別である。というのも、この個体はこの質料によって個別化されるのに対し、あの個体はあの質料によって個別化されるからである。(69)

ここではmodus exitendiについて三つの特質が指摘されている。（1）modus existendiそれ自体は個に固有なものである。たとえば、人間ソクラテスのmodus existendiそれ自体は、サルのmodus existendiと異なるだけではなく、人間プラトンのmodus existendiとも異なっている。しかし、（2）それ自体で（絶対的に）考察されたmodus existendiは複数のものに共通でありうる。じっさい、ソクラテスもプラトンも、人間のmodus existendiを有している。ところで、（1）modus existendiは個に固有なものなので、（3）modus existendiの原理は共通ではなく、個によって異なる。したがって、modus existendiの原理は個別化の原理でもある。よく知られているように、質料的事物の場合、その原理は「指定された質料（materia signata）」（上記引用文中の表現では「この質料」「あの質料」）である。(70)

こうした特質をもつがゆえに、modus existendiは、神の三位格の共通性と相違を論じるのに用いられる。ペルソナは共有不可能なmodus existendiをもつものだが、共有不可能なmodus existendiは、それ自体で考察されるなら、複数のものに共通する。(71)したがって、父・子・聖霊のいずれもが「ペルソナ」と呼ばれるが、父・子・聖霊の各ペルソナは固有のmodus existendiをもっており、その固有のmodus existendiによって他のペルソナと区別されうる。父は、他のもの（子・聖霊）が由来する始原であるが、自分自身はいかなるものにも由来しないという

modus existendiをもつのに対し、子は、他のもの（父）に由来し、他のもの（聖霊）が由来する始原であるというmodus existendiを、聖霊は他のもの（父・子）に由来するが、他のものが由来する始原ではないというmodus existendiをもつ。(72)同様に、神性や全能性のmodus existendiも、それ自体で考察されるなら、三位格に共通するものである――父・子・聖霊は等しく神であり、全能である――が、各位格における神性・全能性のmodus existendiは異なっている。(73)

またmodus existendiは、子や聖霊の位格が被造的世界に派遣される、つまり受肉（キリストの誕生）や（信者の魂における）聖霊の内住といった出来事を説明するのにも用いられる。――「神の位格が或る被造物によって所有されるとか、そのなかで新たなmodus existendiで存在し始めるということは、或る時間的な事柄である」。(74)永遠かつ不変の神と本質を同じくする三位格は、永遠かつ不変の在り方をしていると考えられる。しかし、キリスト教の正統教義からすれば、子や聖霊の位格は時間的なこの世界の内に存在した、あるいは存在すると言わなければならない。ここでmodus existendiは、（神の位格について）変化しうる在り方を指すのに用いられている。

このようにmodus existendiは変化を許容するがゆえに、聖体の秘跡（聖餐）におけるキリストの身体の在り方を論じる際にも用いられていると考えられる。(75)トマスらが支持する聖餐の解釈によれば、聖別によってパンは実際にキリストの身体へと変化する。しかし、聖餅（聖体のパン）におけるキリストの身体は、キリストがこの世でとられた肉体とは別の在り方をしていると言わざるをえないだろう。

神学的な文脈以外でmodus existendiが用いられている例は少ない。その僅かな例の一つは、「自体的」の意味が論じられている『分析論後書』第一巻第四章の註解にあり、そこでは第一実体（個体）の在り方が論じられている。(76)なぜなら、ソクラテスやプラトンは「自体的に（per se）」存在すると言われるのに対し、白さや歩行はそうではない。なぜなら、白さや歩行といった付帯性は、それらのものとは別に、それらのものが内属する基体を要求するからである。

こうした場合の「自体的」は「或る孤立したもの（aliquid solitarium）」を意味表示している、つまり、そのもの以外にそのものの基体が存在しないことを示している。この「自体的」の用法は「述語づけの様態《モドゥス》（modus praedicandi）」ではなく「存在様態（modus existendi）」である、とトマスは解説している。

別の例は、認識論的な場面にある。トマスは、能動知性の必要性を論じる際に、以下のように述べている。

> 色は個的な物体的質料のうちにあるものとして、視覚能力と同じmodus existendiを有しており、したがって視覚に自らの類似を刻みこむことができる。しかし、表象は個体の類似であり、身体器官において存在するものであるがゆえに、人間知性が有するのと同じmodus existendiを有しておらず、したがって自らの力で可能知性に（自らの類似を）刻み込むことはできない。(77)

先に言及したように、トマスは、認識を形相の受容によって説明する。色の形相は特別な能力を介することなく視覚能力のうちに受容されるのに、個物の形相を再現している表象はどうしてそのまま可能知性のうちに受容されないのか。――トマスによれば、その理由は、感覚と知性のmodus existendiの相違にある。視覚のような外部感覚も、表象力のような内部感覚も、身体器官に依存して存在しているので、色と同じく物体的なmodus existendiを有している。それに対して、知性はその存在において身体器官に依存しないものなので、非物体的なmodus existendi を有している。したがって、表象力のうちにあって物体的なmodus existendiをもつ表象が知性のうちに受けとられるためには、物体的なmodus existendiを捨てて非物体的なmodus existendiを獲得する、つまり質料を切り離すことが必要であって、このことを可能にするために能動知性が要請されるのである。

次に引用する箇所は、「善」「知恵がある」「正しい」といった述語は神と被造物に一義的に述語づけられるか、という神学的な問いのなかにあるが、modus existendiが用いられているのは、技術知における形相の在り方と製作された人工物の形相の在り方を対比するという或る種の認識論的な場面である。

能動者と結果において、存在している形相の性格《ラチオ》が一つであっても、異なるmodus existendiが一義的な述語づけを妨げる。質料のうちに存在する家の性格と製作者の精神の内に存在する家の性格は、一方が他方の根拠《ラチオ》であるので、同じであるが、「家」は両者に一義的に述語づけられることはない。というのも、質料のうちにある家の形象は質料的存在を有しているのに対し、製作者の精神の内にある家の形象は非質料的存在を有しているからである。(78)

建築家の知性のうちにある家の形相（設計図）とそれに基づいて建造された家は、トマスに言わせれば、一義的にではなくアナロギア的に「家」と呼ばれる。その理由は、二つの家のmodus existendiが異なることにある。――建築家の知性のうちにある家の形相が非質料的なmodus existendiをもつのに対し、建築された家の形相は質料的なmodus existendiをもつ。

理論知と技術知という違いはあれ、上述の二つの認識論的な場面では、同じ形相が知性の内にある場合とそうでない場合では異なるmodus existendiを有することが議論の要になっている。

以上のmodus existendiの用例の分析から、modus essendiとmodus existendiの違いについて次のように考えることができる。形相を受容する前提条件となるのはmodus essendiのmodusであり、modus existendiのmodusではない。modus essendiは形相が規定する種によって異なるので、種を区別する原理ではありうるが、個を区別する原理ではありえない。(79)そして、種に固有な在り方を指すのに用いることはできる（「人間のmodus essendi」）が、個に固有な在り方を指すのに用いることはできない。それに対してmodus existendiは個に固有なので、個を区別する原理でありうる。したがって、一つの存在《エッセ》を共有し、同一のmodus essendiをもつ神の三つの位格の相違を示す際に用いられる。また、抽象的考察を介して、複数のものに共通する在り方を指すのに用いることもできるし（「人間性のmodus existendi」「神性のmodus existendi」）、個物に固有な在り方を指すのにも用いることもできる（「ソクラテスのmodus existendi」）。そして、すでに存在し、そのもののmodus essendiとmodus existendiをもつものが、当初とは異なる在り方をするとき、その在り方を指すのにも用いられる。modus essendiは形相が伴うものであるから、同じ形相が異なる在り方をする際に用いることはできない。したがって、知性の中と外での形相の在り方の相違を示す場面ではmodus existendiが用いられるのである。そして形相を同じくするものが異なるmodus existendiをもつときには、アナロギア的述語づけが成立する。

　残念ながら、トマスのテクストのなかには、以上で説明したような使い分けに対する数多くの反例が存在する。(80)例えば、トマスは、死後の魂の在り方について「魂が身体と結びついている時とは別のmodus essendiをもつ」と述べている。(81)こうした反例は、esseとmodusの多義性に由来すると解釈することができる。esseは、事物にとって根源的な「存在」も、単なる現象としての「存在」も指しうる。modusは、「限度」とも、単なる「仕方」とも解されうる。したがってmodus essendiはmodus existendiと同意で用いられることがある。(82)それに対して、modus existendiは（以上で説明したような、狭義での）modus essendiと同意で用いられることはない。

　本稿で焦点をあててきたトマスの「モドゥス」は、言うまでもなく（modus existendiと区別される、狭義での）modus essendiのmodusであって、modus existendiのmodusではない。事物はesseがなければexistereすることはないから、存在《エッセ》の限界《モドゥス》内にある仕方《モドゥス》でのみ存在《エクシステレ》することができるという意味で、modus essendiはmodus existendiを規定すると言える。——人間はどんなに小さくても、蟻ほど小さくなることはないし、どんなに成長しても象のように大きくはならない。しかし両者は同じものではない。modus essendiは、その種のものに神があらかじめ定めた「存在の限界」「しかるべき在り方」であるから、それ自体は変化することがない。それに対して、modus existendiのなかには、可変的で、そのものにとって本質的ではない「存在様態」もある。じっさい、感覚や知性といった認識能力のうちに存在することは、色や家の形相にとって本質的な存在様態ではない。「被造物は存在する以上モドゥスをもつ」とのトマスの発言は、我々が日々目にしているように、個々の存在するものは必ず何らかの存在様態を伴っていることを述べたものではない。我々がその全貌を知ることはないが、被造物には、それが属する種に応じてあらかじめ定められた限度・在り方がある、と主張しているのである。

七　結語

本稿では、トマス・アクィナスの著作のなかで、形象・秩序とともに有の構成要素とされる「モドゥス」について探究してきた。[83]

「質料的・作出的諸原理の限定・均衡」である「モドゥス」は、形相が有を構成するために必要とされる、形相にとっての形相的な条件、形相よりも高次の原理である。被造物にあって形相が実在するためには、神から存在(esse)を受けとらなければならない。この存在の受容は、形相に応じた「モドゥス」にそくして生じる。したがって、あらゆる被造的有は存在する限り、固有のモドゥスと存在の仕方《モドゥス》(modus essendi)をもつことになるのである。

こうした「モドゥス」についてのトマスの思索の主要な源泉はアウグスティヌスにあるが、偽ディオニュシオスや『原因論』にみられる、分有や事物の階層性の発想をとりこんで展開されている。

ラテン語の「モドゥス(modus)」は、物事の「限度」つまり限界を意味すると同時に、「節度」という或る種の完全性を含意している。「尺度」を指すと同時に、尺度によって測られる事物の「嵩」を指す単語である。そして、広い意味での「仕方」を示す単語でもある。こうした「モドゥス」の多義性は、ありとあらゆる被造物だけではなく神にも、実体だけではなく付帯性にもモドゥスがある、というトマスの主張を分かりやすくさせる。しかし同時に誤解させる危険性をはらんでいる。トマスがいう、あらゆる被造的有が備えている「モドゥス」と「存在の仕方 (modus essendi)」とは、一つ一つのもので異なる、あるいは一つ一つのものにおいて時と場所とともに変化するような被造物の在り方に関するものではない。種に応じて定められている己の分・限度・在り方に関するものなのである。

あらゆる存在するものは善きものであり、その逆も然りであるとする「善と存在の置換説」[84]を支持するトマスの著作のなかで、「モドゥス」は善の構成要素として論じられている。したがって、トマスの体系のなかでは、「モドゥス」の存在論的側面と倫理的側面を切り離すことはできない。一連のトマスのモドゥス研究の続篇「モドゥスの倫理的側面」では、本稿で論じたような善＝有の構成要素としてのモドゥスを再論することはしない。本稿を結ぶにあたって、モドゥスの存在論的側面の探究を意図した本稿の内容にモドゥスの倫理的な側面が含まれていることを注記しておきたい。

文献表

Beierwaltes,W. 1969. “Augustins Interpretation von *Sapientia* 11, 21.” *Revue des études augustiniennes* 15, pp. 51-61.

Bobik, J. 1998. *Aquinas on Matter and Form and the Elements*. University of Notre Dame Press.

Brower, J. E. 2014. *Aquinas's Ontology of the Material World: Change, Hylomorphism, and Material Obiects*. Oxford University Press.

Chevallier, P. 1937. *Dionysiaca* I. Desclée de Brouwer (Reprint : Frommann-holzboog , 1989).

Deferrari, R. J. 1948. *A Lexicon of St. Thomas Aquinas*. Catholic University of America Press.

Dewan, L. 1999. “The Individual as a Mode of Being according to Thomas Aquinas.” *The Thomist* 63, pp. 403–24.

Du Roy. 1966. *L’intelligence de la foi en la trinité selon saint Augustin*. Études augustiniennes.

Klima, G. 2011. “Substance, Accident and Modes.” *Encyclopedia of Medieval Philosophy,* Springer, pp.1219–227.

Lewis, T. C. and Short, C. 1879. *A Latin Dictionary*. Oxford University Press.

Litt, T. 1963. *Les corps célestes dans l’univers de saint Thomas d’Aquin*. Louvain: Publications Universitaires.

Normore, C. G. 2010. “Accidents and Modes.” In *The Cambridge History of Medieval Philosophy*, ed. R. Pasnau, pp.674–85.

Pasnau, R. 2011. *Metaphysical Themes 1274–1671*. Oxford University Press.

Roche, W. J. 1941. “Measure, Number, and Weight in Saint Augustine.” *The New Scholasticism* 15, pp. 350–76.

Roques, R. 1983. *L’univers dionysiens: structure hiérarchique du monde selon le Pseudo-Denys*. Cerf.

Schütz, L. 2006. *Thomas-Lexicon*. 3 Aufl. [http://www.corpusthomisticum.org/tl.html] (2 Aufl. 1895).

Shanley J. B. 2006. *The Treatise on the Divine Nature: Summa Theologiae I 1–13*. Hackett.

Suarez-Nani, T. 2002. *Les anges et la philosophie*. Vrin.

Tomarchio, J. 1998. “Four Indices for the Thomistic Principle *Quod recipitur in aliquo est in eo per modum recipientis.*” *Mediaeval Studies* 60, pp. 315–67.

———. 2001. “Aquinas’s Division of Being according to Modes of Existing.” *The Review of Metaphysics* 54, pp. 585–613.

Wippel, J. F. 1998. “Thomas Aquinas and the Axiom ‘What Is Received Is Received According to the Mode of the Receiver.” In *A Straight Path*, ed. R. Link-Salinger et al., The Catholic University of America Press, pp. 279–89; *Metaphysical Themes in Thomas Aquinas II*, The Catholic University of America Press, 2007, pp. 113–22.

石田隆太、二〇二一「トマス・アクィナス『諸元素の混合について』：試訳」『古典古代学』第一三号、一―一三頁。

周藤多紀、二〇二二「トマス・アクィナスにおける徳のモドゥス」『中世思想研究』第六四号（掲載予定）。

トマス・アクィナス、一九六〇―二〇一二『神学大全』創文社。

中川純男、二〇〇五「認識の様態――トマス認識論の基本原理――」『中世哲学研究』第二九号、一―一九頁。

藤本温、一九九〇「《receptum est in recipiente secundum modum recipientis》——トマスにおける認識する魂について——」平成元年度京都大学文学研究科（哲学専攻・西洋哲学史）修士論文。

水谷智洋、二〇〇九『改訂版羅和辞典』研究社。

山田晶、一九七八『トマス・アクィナスの《エッセ》研究——中世哲学研究　第二——』創文社。

——、二〇一四『神学大全Ⅰ』中央公論新社（『トマス・アクィナス』中央公論社、一九七五年、所収の訳の改訂再録）。

註

（1）シュッツの『トマス辞典』（Schütz 1895/2006）は、トマスの「モドゥス」の意味を以下の五つに分類している。（一）度量・尺度・節度（Maß）、（二）何かが存在したり、生じたりする仕方、（三）学問的な方法、（四）文法における動詞の形態、つまり（直接法や命令法といった）「叙法」、（五）論理学における（可能・偶然・必然といった）「様相」。デフェラリの『トマス辞典』（Deferrari 1948）も同様の分類を踏襲している。ただし両者とも（五）の用例を、偽作である『様相命題について』から採っている。

（2）この「モドゥス」の用法は、註1で言及した『トマス辞典』の分類では（一）に相当する。「格調」は高田三郎訳（『神学大全』第一冊）、「限度」は山田晶訳（『神学大全Ⅰ』中央公論新社）及び稲垣良典訳（『神学大全』第一六冊ほか）、「適度」は稲垣良典訳（『神学大全』第一一冊）。

（3）*ST* II-II, q. 157, a. 3, c. & ad 2. 徳の「モドゥス」については、本論の続編である「トマス・アクィナスの《モドゥス》研究（二）——《モドゥス》の倫理的側面——」で詳論する予定であるが、とりあえず周藤二〇二二が参照されうる。本稿第三節の内容は、周藤二〇二二の一部と重複するが、字数の制約により詳述できなかった部分の補足を試みている。

（4）アウグスティヌスの『知恵書』解釈については、Roche 1941 ; Du Roy 1966, pp. 279-308 & pp. 380-391 ; Beierwaltes 1969 が参考になる。関係するアウグスティヌスのテクストの箇所についてはRoche とDu Royが、哲学史的背景についてはBeierwaltesが詳しい。

（5）有の構成要素の一つに「モドゥス」を置く発想には、「基体」「性質」とならんで、「様態」と「関係的様態」という存在の区別を設ける、ストア派のカテゴリー論の間接的影響が推測される。

（6）以下で引用・言及するアウグスティヌスのテクストの頁数と行数又は章番号と行数は、『善について』『ファウストゥス駁論』

『創世記逐語註解』『信仰と信条』『音楽論』『マニ教徒に対する創世記註解』についてはCSELを、その他の著作についてはCCSLの校訂版にしたがう。

（7） *De natura boni*, c. 3; *De civitate dei* XI, c. 15, lin. 21-24.

（8） *De natura boni*, c. 3, p. 856, lin. 19-p. 857, lin.1.

（9） *De natura boni*, c. 4, p. 857, lin. 4-5. Thomas, *ST* I-II, q. 85, a. 4, arg. 2で引用されている。

（10） *De natura boni*, c. 19, p. 863, lin. 5-6.

（11） *De natura boni*, c. 21, p. 864, lin. 11-12.

（12） *De natura boni*, c. 22. じっさいにアウグスティヌスが論じているのは、「神の支配には限界がない（et regni eius non erit finis）」という『ルカ福音書』第一章三三節の解釈である。

（13） *De natura boni*, c. 22, p. 864, lin. 21-22. Thomas, *ST* I, q. 5, a. 5, ad 4で引用されている一文である。

（14） *De natura boni*, c. 23, p. 865, lin. 4-13.

（15） *Contra Faustum* XX, c. 7, p. 542, lin. 6-7; *De trinitate* XI, c. 11 (18), lin. 16-18; *De gen. ad litt.* IV, c. 3 (7).

（16） *De gen. ad litt.* IV, c. 3 (8), p. 99, lin. 23-27. Beierwaltes 1969, p. 53が指摘しているように、一者についてのプロティノスの表現「測られざる尺度（μέτρον οὐ μετρούμενον）」(*Enneades* V, 5, 4, lin. 13-14）に類似している。

（17） *De gen. ad litt.* IV, c. 3 (7), p. 99, lin. 12-19.

（18） *De gen. ad litt.* IV, c. 4 (8), p.100, lin. 1-16.

（19） *De gen. ad litt.* IV, c. 5 (12), p.101, lin. 26-p. 102, lin. 6.

（20） *De fide et symbolo*, c. 2, p. 6, lin. 5-9.

（21） *De fide et symbolo*, c. 2, esp. p. 5, lin. 18-p. 6, lin.4.

（22） *De diversis quaestionibus octoginta tribus*, q. 6, lin. 4-5.「悪」について問われている問題である。

（23） *De libero arbitrio* II, c. 20, 54, lin. 14-18; *De genesi contra Manichaeos* I, c. 16, 26.

（24） *De libero arbitrio* III, c. 12, 35, lin. 23-26.

(25) *De libero arbitrio* III, c. 21, 60, lin. 47–48.

(26) *De trinitate* VI, c. 10 (12), lin. 37–47. 『音楽論』第六巻第一七章には「一性・類似（similitudo）・秩序」「一性・数・秩序」の三つ組がみられる。

(27) *De vera religione* VII (13), lin. 28–38. ただし、「自身の形象をもち」という部分は多くの写本に欠落している。

(28) *Contra Faustum* XX, c. 7, p. 542, lin. 6–7: “mensura, ut subsistant.”

(29) 本稿で引用する『神学大全』の訳はすべてレオ版にしたがった拙訳である。レオ版とピオ版ではしばしば細かい相違がある。重要な相違については註で指摘する。トマスの他の著作についても、『命題集注解』（マンドネ・モース版とヴィヴェ版）以外は、レオ版ないしはマリエッティ版に準拠した。

(30) 「(b) 形相 … ものと」という部分はピオ版にはない。このピオ版の読みは、有力写本の多くに見られる。

(31) *De principiis naturae*, § 3, lin. 71–81 (n. 5).

(32) *De mixtione elementorum*, esp. lin. 123–140. このテクストと石田二〇二一の訳註以外に、Bobik 1998, Part 3の論考や取り上げられているトマスのテクストが参考になる。

(33) Shanley 2006, p. 236は、諸原理の「均衡」は形相に対するもの――つまりcommensuratio ad formamである――と解釈しているが、諸原理間の均衡も含意されていると解釈できる。こうした解釈は、以下のようなトマスのcommensuratioの用法によっても支持される。“propria perfectio uniuscuiusque rei in quadam **commensuratione** consistit, sicut perfectio corporis humani consistit in commensurato calore.” *Expositio libri De ebdomadibus*, lect 2, lin. 287–289 (n. 37); “Sanitas enim, quae est quaedam virtus corporis, est quaedam **commensuratio** calidorum et frigidorum.” *In VII Physica*, lect. 5, n. 6 (n. 918).

(34) *ST* I, q. 115, a. 3, c.; cf. Litt 1963, pp. 143–46.

(35) *SCG* III, c. 23; Litt. *op. cit.*, pp. 99–108.

(36) *De veritate*, q. 5, a. 8, c.; cf. Suarez-Nani 2002, pp. 103–42.

(37) *ST* I, q. 118, a. 1, ad4.

(38) cf. *ST* II-II, q. 95, a. 5, c. & ad2.

（39）『真理論』の先行箇所（第二一問、第三項、第二異論解答）で、「善」は（『神学大全』にあるように）「完成されたもの」という性格だけではなく、「完成することができるもの」という性格をもつ、とトマスは述べている。

（40）「秩序（ordo）」には「生成・時間の秩序」と「本性・完全性の秩序」の二種類がある、とトマスは述べている。*ST* I, q. 77, a .4, c. ; *ST* I, q. 85, a. 3, ad1; *ST* II-I, q. 62, a. 4, c. ; *ST* II-I, q. 83, a. 2, ad3; *ST* II-II, q. 17, a. 8 , c.

（41）ギリシア語原文に基づいた訳は「定義は一種の数だからである」となり、『神学大全』第一部第五問第五項で言及されているものにより近い。

（42）同じ『形而上学』の箇所に言及した*ST* II-I, q. 52, a. 1, c.での説明や該当箇所についてのトマスの註解（*In VIII Met.*, lect. 3, nn. 717-720 (nn. 1722-1727)）が参考になる。後者では、形相と数の類似性が四点にまとめられている。

（43）トマスは、種の本質的原理を原因として生じる「固有の付帯性」と、そうではない「共通の付帯性（accidentia communia）」を区別している。前者が種に伴うものであるのに対し、後者は多くの種に共通にみられる。*In I Sent.*, d. 3, q. 4, a. 2, sol.; *ST* I, q. 3, a. 4, c.

（44）*ST* II-I, q. 56, a. 1, ad 3.

（45）*ST* II-II, q. 110, a. 4, c.

（46）現在出版されているトマスとアウグスティヌスの校訂版にしたがえば、トマスはアウグスティヌスのテクストの原文をほとんどそのまま引用していることになるが、トマスのテクストでubi estとあるところは、アウグスティヌスのテクストではubi autemとなっている。

（47）アルベルトゥス・マグヌスもアウグスティヌスの三つ組の概念について論じており（*De bono*, tract. 1, q. 2, aa. 1-3）、トマスにみられる幾つかのアイデア・表現はアルベルトゥスにみられるが、存在を形相よりもモドゥスと密接に関係づけるような発言はみられない。

（48）*ST* I, q. 4, a. 1, ad3.

（49）トマスは「形相的なもの（formale）」は「質料的なもの（materiale）」よりも「強力である（potius）」と述べている。*ST* II-II, q. 98, a. 1, ad3.

(50) その他に「一・形象・秩序」（『三位一体論』第六巻）、「尺度・数・重さ」（『知恵書』）、「存立・区別・適合の原理」（『八十三問題集』）が挙げられている。
(51) 「付帯性のモドゥス」の存在は、テクスト（二）の異論解答の一つでも明言されている。*De veritate*, q. 21, a. 6, ad5.
(52) Normore 2010; Klima 2011; Pasnau 2011, pp. 244–75を参照。
(53) *ST* I, q. 12, a. 4, c.
(54) *ST* II-II, q. 27, a. 6, c.
(55) Lewis & Short 1879, "modus": "a measure with which, or according to which, any thing is measured, its size, length, circumference, quantity."『改訂版羅和辞典』（＝水谷 2009）は「1 量，数，大きさ，2 測量単位，尺度（以下略）」としている。同種の二義性は、「モドゥス」と関係の深いギリシア語の「メトロン（μέτρον）」にもある。じっさい『知恵書』第十一章の「メトロン」は、近年刊行された聖書協会共同訳では「物差し」と訳されているが、新共同訳では「長さ」と訳されていた。
(56) *ST* I, q. 12, a. 4, c. 他にも「神のモドゥス」(*In I Sent.*, d. 37, q. 2, a. 3, ad3) とか「神の本質のモドゥス」(*ST* I, q. 14, a. 1, ad3) といった表現が見られる。
(57) *De substantiis separatis*, c. 8, lin. 199–207.
(58) *ST* I, q. 76, a. 1, arg. 3.
(59) *ST* I, q. 75, a. 5, c.
(60) このテーゼが用いられている具体的な場面及び認識論的場面での使用例の分析については藤本一九九〇及びWippel 1998を参照。Tomarchio 1998は、使用例の網羅的な収集と分析を行っている。
(61) 本稿第二節（一）を参照。
(62) このテーゼの出典の分析、出典箇所とトマスのテーゼとの比較的考察としては、中川二〇〇五を参照。同論文（三頁、註2）では、トマスがこのテーゼの出典に言及している箇所は多くはないことが指摘されている。
(63) *In II Sent.*, d. 17, q. 2, a. 1, arg. 3.
(64) トマス・アクィナスの『神名論註解』のレオ版は未出版で、トマスが参照した『神名論』のギリシア語訳について専門家の結論が提示されていないこともあり、マリエッティ版が採用しているサラセンのヨハネスの訳語を引用した。他のラテン語訳との相違については*Dionysiaca* I（= Chevallier 1937）を参照。

(65) *De divinis nominibus* IV, 20, 717D-720A, p.165, lin. 17-p.166, lin. 3.

(66) ἀναλόγωςを「ロゴスにしたがって」と訳出することについては、中川二〇〇五、五頁を参照。じっさい、ἀναλόγωςがκατὰ τὸν λόγονという表現とともに用いられている箇所（*De divinis nominibus* IV, 1, 693B, p. 144, lin. 1-5）がある。

(67) 「メトロン（μέτρον）」については、偽ディオニュシオスにも用例がある（cf. Roques 1983, pp. 59-64）。たとえば、「(神の善性は) 存在するもののメトロンであり、永遠であり、数であり、秩序であり、領域であり、原因であり、目的である」(*De divinis nominibus* IV, 4, 697C, p. 147, lin. 9-10）とか、「(子の神性は) 存在するもののメトロンである」(*op. cit.*, II, 10, 648C, p. 134, lin. 15）と述べられている。このように偽ディオニュシオスは「メトロン」を神にのみ用い、被造物に関しては「シュンメトリア（συμμετρία）」を用いている。

(68) 山田一九七八は、トマスにおけるesseとexistereの相違について詳細に論じ、existereが「何らかのものが何らかの仕方で、どこかに『在る・存在する』ことを示す」のに対し、esse は「そのようにものが『存在する』に到るための、そのものに内在する存在の形相的現実的根源を意味する」と結論づけている（三六二頁）。

(69) *De potentia*, q. 9, a. 2, ad1.

(70) *De ente et essentia*, c. 2, lin. 67-84 (n. 4).

(71) *ST* I, q. 30, a. 4, ad2.

(72) cf. *ST* I, q. 32, a. 3, c.

(73) *De potentia*, q. 9, a. 5, ad23; *De potentia*, q. 2, a. 5, ad4.

(74) *ST* I, q. 43, a. 2, c.

(75) *ST* III, q. 74, prologus: "tertio, (considerandum est) de modo existendi corporis Christi in hoc sacramento".「キリストの身体の次元量の全体がこの秘跡のうちに存在するか」を論じた*ST* III, q. 76, a. 4, ad1 にもmodus existendi の使用例がある（ただしピオ版と創文社訳はmodus essendiという読みを選択している）。

（76） *In I Post. Analy.*, lect. 10, n. 6 (n. 87).

（77） *ST* I, q. 85, a. 1, ad3.

（78） *De potentia* q. 7, a. 7, c.

（79） Dewan 1999 はmodus essendi――論題にもあるmode of being はこれを指していると思われる――が個体を区別する原理であると主張しているようにみえる。しかし、トマスの用例分析からは、個体を区別する原理はmodus essendiではなくmodus existendiである、と結論づけられる。modus essendiをmode of existingを訳出し、modusは主要には個物の実在の区別に関わると解釈するTomarchio 2001（esp. p. 606 & p. 612）にも同様の批判があてはまる。両者とも二種類の「存在のモドゥス」の相違に注意を払っていない。

（80） 以下に挙げるのはその一例である。ペルソナに関係する場面：*In I Sent.*, d. 15, q. 4, a. 1, sol.（novus modus essendi）; 聖体について：*ST* III, q. 76, a. 7, c.；個体について：*De potentia*, q. 9, a. 2, ad5（individualis modus essendi）. 認識論的場面：*In IV Sent.*, d. 49, q. 2, a. 1, sol.; *SCG* I, c. 32, n. 3 (n. 285); *SCG* II, c. 46, n. 5 (n. 1233); *ST* I, q. 76, a. 2, ad4.

（81） *ST* I, q. 89, a. 1, c.

（82） modus existendiの訳語として「存在仕方」を採用している山田一九七八は、modus essendiを大抵「存在の仕方」と訳出しているが、modus essendiがmodus existendiの意味で用いられていると判断できる箇所（e.g. *ST* I, q. 8, a. 3, ad4）では、modus essendiを「存在仕方」と訳出している（山田二〇一四）。

（83） Tomarchio 2001；Brower 2014, pp. 42–54は、トマスの存在・意味論における「モドゥス」の重要性に着目している。しかし前者は、「モドゥス・形象・秩序」を論じている際の「モドゥス」についてのトマスの発言は、アウグスティヌス・聖書解釈としてなされたもので、トマス自身の独創的な「モドゥス」についての思索を必ずしも示すものではないと評価しているようにみえる（Tomarchio 2001, n. 24 & pp. 608–9）。後者は、各カテゴリーに異なる存在のモドゥスを帰す、アリストテレス的伝統下の存在・意味論的側面（これについては本研究の第三部「意味論的側面」で論じる予定である）に焦点をあてて、アウグスティヌス的伝統下のモドゥスの存在論的側面を完全に無視している。従来の西洋哲学史研究で重要視されてきたのは、デカルトやスピノザの「様態（modus）」に通じるところがある、アリストテレス的伝統下の「モドゥス」の存在論的側面である、と言える（註52の文献を参照）。軽視されてきたアウグスティヌス的伝統下の存在論的側面は、ヘーゲルの「度量（Maß）」（『大論理学』第一巻第三篇及び『小論理学』第一部参照）と通じるところがあり、今後の研究と再評価が望まれる。

（84）　*ST* I, q. 5, a. 3, c. ; *De veritate*, q. 1, a. 1, c. ; *De veritate*, q. 21, a. 2, c.

＊本研究はJSPS科研費JP20K00005の助成を受けた。

（筆者　すとう・たき　京都大学大学院文学研究科教授／西洋哲学史）

プラトン『パイドン』における形相原因説

早瀬　篤

一　はじめに

プラトン哲学の中核にある形而上学説を理解しようとするとき、『パイドン』において、登場人物のソクラテスが対話相手のケベスから出された反論に応答していく箇所（95a4-107b10）の重要性は、プラトン著作集のなかでも一二を争う。しかしそこでソクラテスが提示する説に関しては、その基本的理解の水準でも、学者たちの間で同意が成立しておらず、学者たちは対立する立場をとりながら論争を続けている。現状では、プラトン哲学はその基本構造においてもよく分かっていないと言わなければならないであろう。

ところで、一般的にはここでソクラテスが提示する説は、日本語で「イデア原因論」、英語では大文字ではじまるFormsという言葉を使ってthe theory of Forms as causesなどと呼ばれる。しかしこの呼び方とこの理論内での「イデア」に関する基礎的理解とは、たんに『パイドン』の議論から取り出されたものではなく、その多くをアリストテレスの証言に負っているのである。[1] アリストテレスの『形而上学』によると、プラトンは倫理学的領域で普遍を探究するソクラテスの哲学を引き継ぐが、その普遍を離在させて「イデア」（αἱ ἰδέαι）と呼んだという。[2] 多くの学者たちは、このアリストテレスの証言にもとづき、いわゆる「超越的イデア」（transcendent Forms）がはじめて本格的に論じられるのがこの対話篇であり、またこの箇所でそのような「イデア」を原因とする理論が提示されると考えるのである。

『パイドン』では102b1でεἶδοςという言葉が使われており、εἶδοςとἰδέαとは、ニュアンスの違いはあるものの、交換可能な表現なので、これが「イデア原因論」という呼び方の直接の典拠になっていると思われる。しかしεἶδοςという言葉は、日常用語としての用例はさておき、哲学用語としても、プラトンが哲学的探究のさまざまな場面で使う言葉である。例えば、初期の『ヒッピアス（大）』では美しさの定義が探究されるが、「すべての美しいものは美しさによって美しい」(τὰ καλὰ πάντα τῷ καλῷ ἐστι καλά 287c8-d1) と確認された後で、この「美しさによって」は「あのεἶδοςが付け加わるときに」(289d4) と言い換えられる。また中期の『パイドロス』では、「錯乱を、我々のうちに本性的にあるひとつのεἶδοςと見做した上で」(266a2-3)、それを分割していくという手法が、分割の手続きの例として示される。これらのεἶδοςに関しては、『パイドン』の問題となる箇所と異なり、学者たちは一般的に「イデア」(Forms) と見做すことはない、ということが少なくとも言えるだろう。これらのεἶδος（あるいはそれと交換可能なἰδέα）は「形相」「実相」「相」、英語なら小文字ではじまるformsと訳すのが一般的である。

したがって、これまで学者たちが『パイドン』で提示される理論を「イデア原因論」と呼ぶときに、すでにそれが右に引用した『ヒッピアス（大）』や『パイドロス』の箇所に現れるεἶδοςとは異なるεἶδοςが問題になっていると想定していることになる。そしてこの想定は、アリストテレスの証言に依拠しているところが大きい。そしてこの想定にもとづいて『パイドン』で提示される説を解釈しようとするとき、学者たちは対立する立場に帰属して、深刻な諸問題を解決することができないでいるのだ。

このような事情から、本稿ではアリストテレスの報告をいったん保留して、プラトンのテクストに立ち戻ってこの箇所を考え直したいと思う。まず、従来の「イデア原因論」という呼び方を保留し、より中立的な「形相原因説」という呼び方を採用したい。(3) そして「イデア論」を読み込む解釈(イデア解釈)が共通にもつ特性を抽出して、それと異なる道を歩んで「形相原因説」をより整合的に解釈できないかを考察する。さらにその別の道から「形相原因説」のもつ意味と役割を改めて見定めようと試みる。この重要問題には今後も多くの議論を積み重ねていく必要があることは疑わないけれども、私はこのような手続きをとることによって、プラトンの形而上学説を理解するために重大な貢献ができると信じるのである。

以下では次のような手順で議論を進めたい。まず、第二節において形相原因説が提示される箇所とその前後の文脈を確認し、また形相原因説をめぐってこれまで学者たちの間で議論されてきた二つの主要問題を確認する。そのひとつ目は形相の存在論的身分をめぐる問題であり、二つ目は形相原因説の有意義性をめぐる問題である。第三節と第四節はひとつ目の主要問題を議論する。まず第三節において、これまで提示されてきた解釈を確認する。従来の学者たちは「イデア解釈」をとる点では一致するが、「離在解釈」と「内在解釈」という二つの陣営に分かれる。両陣営とも対抗陣営に対して深刻な諸問題を提起しており、現状では行き詰まりに陥っている。続く第四節では、この行き詰まりを打開するための私自身の新しい解釈を提示する。私は「イデア解釈」の枠組みを撤廃し、例えば美しさの形相がそれ自体でも、また或る事物のうちにも存在するという新たな枠組みを採用することで、二つの陣営から提示された深刻な諸問題がすべて解消され、整合的な解釈を与えられると論じる。第五節で私は二つ目の主要問題に取り組み、従来学者たちが形相原因説は情報皆無であると主張するときに示す根拠が誤っていることを示し、形相原因説は定義探究の出発点を構成するという意味で哲学的に有意義であることを論じる。

二　形相原因説のおかれる文脈と二つの主要問題

まずは問題となるテクストの内容とその主要問題を確認しておくことにしよう。ソクラテスによる形相原因説の説明（100b1-e4）はごく簡潔であり、長さにして1ステパヌスページにも満たない。しかし形相原因説をめぐる解釈上の主要問題および学者たちのこれまでの論争を正しく理解するためには、この箇所だけに焦点を絞るのでは不十分であり、前後の文脈も視野に入れておく必要がある。そこで本節では、まず最初に、形相原因説が提示される箇所を前後の文脈のなかに位置づけ、関連する部分を辿り直し、その後で、この説を解釈する上での主要問題を確認するという手続きをとることにしたい。

もともと形相原因説が提示される契機となるのは、ソクラテスの対話相手ケベスの反論である。ソクラテスは、死後に（哲学者の）魂は善き神々のもとに赴くということを論証しようとして、いわゆる「循環議論」（70c4-72d10）「想起説」（73c1-77a5）「親和性議論」（78b4-80c1）という三つの議論を提示していた。これに対してケベスは、一方で、これらの議論によって、魂が身体に宿る前から存在していたこと、そして魂が身体よりも頑強で永続的であることは十分に証明されたと認めるが、他方で、魂が転生を繰り返したくさんの身体を使い果たした後、ついには消滅するという可能性が残されることを指摘する（86e6-88a1）。そして彼は、魂がその本性において不死・不滅であると論証することをソクラテスに要請するのである（88a1-b8）[4]。

ソクラテスはしばらく考えこんだ後で、ケベスの要請に応えるためにはまず「生成と消滅についての原因を全体[5]として徹底的に議論せねばならない」[6]（95e10-96a1）と述べて、次のような手続きをとることを提案する。つまり彼は、最初に、①生成と消滅とあることの原因をめぐる自分の経験をケベスに話して聞かせ、その後で、②この経験談から関連する要素を取り出して彼の反論に直接応答をする[7]、という手続きをとることを提案するのだ（96a1-3）。

ソクラテスは実際にこの手続きに沿って議論を進めるので、我々も①原因をめぐるソクラテスの経験談（95e8–102a3）と②ケベスへの直接的応答（102a11–107b10）との区分を利用して、この先の議論を辿っていくことにしよう。

①原因をめぐるソクラテスの経験談（95e8–102a3）

ソクラテスはここで、自分がこれまで考察した三つの原因の説明方式とそのそれぞれに対する自分の見解をケベスに話して聞かせる。彼はまず「自然学的原因説明」について論じ（96a5–97b7）、次に「知性にもとづく原因説明」に話を移し（97b8–99c6）、そして最後に自らが編み出したという「形相原因説」を提示する（99d4–102a3）。[8] ソクラテスははじめの二つの説明方式を結局のところ放棄したと語るので、ここでは形相原因説だけに焦点を絞って内容を確認したい。

ソクラテスは（仮説を出発点とする考察方法についてごく簡単に解説した後で）形相原因説を二つの仮説として提示している。[9] これらを「形相仮説」と「原因仮説」と呼ぶことにしよう。テクストでは最初に形相仮説が次のように提示される。

（P1）【形相仮説1】「美しさそのものはそれ自体で何らかのものであり、[10] そして善さや大きさも、それから他のすべてのものもそれ自体で何らかのものである」（εἶναί τι καλὸν αὐτὸ καθ᾽ αὑτὸ καὶ ἀγαθὸν καὶ μέγα καὶ τἆλλα πάντα）（100b6–7）

（これ以降、簡潔さのために、ソクラテスが使う「美しさ」「善さ」「大きさ」などの言葉を必要に応じて一般的に「*F*さ」と表すことにしたい。[11]）ケベスがこの仮説を立てることに同意すると、ソクラテスは続いて原因仮説を提示する。原因仮説はじめ次のように記述される。

(P2)【原因仮説1】「もし美しさそのものを除いて何か他のものが美しいのならば、それはあの美しさを分有することを原因として美しいのであり、それ以外のまったく何も原因としない」(εἴ τί ἐστιν ἄλλο καλὸν πλὴν αὐτὸ τὸ καλόν, οὐδὲ δι᾽ ἓν ἄλλο καλὸν εἶναι ἢ διότι μετέχει ἐκείνου τοῦ καλοῦ)(100c4-6)

しかしすぐ後でソクラテスは(P2)に補足説明を加える。つまり、原因仮説を記述するさいには、「あの美しさを分有すること」という表現ではなく、あの美しさが「現在すること」(παρουσία)あるいは「共有関係をもつこと」(κοινωνία)などの表現を使用してもかまわない、と断るのである(100d4-7)[12]。だから、(P2)は原因仮説の唯一の記述方式ではないのであり、事実ソクラテスは原因仮説を次のように記述し直している。

(P3)【原因仮説2】「全ての美しいものは美しさによって美しくなる」(τῷ καλῷ πάντα τὰ καλὰ γίγνεται καλά)(100d7-8)[13]

ソクラテスの発言にもとづいて形相原因説を理解しようとするならば、ここで確認された(P1)の「形相仮説」と(P2)、(P3)の「原因仮説」との組み合わせが主要な手がかりとなる。

しかしこの他に、死刑直前のソクラテスの議論を回想・報告しているパイドンが、形相原因説を自分の言葉で述べ直す箇所がある。彼は、ちょうどケベスへの直接的応答に移行する場面で形相原因説を次のようにまとめている。

（P4）「以上のことがソクラテスに同意されると、つまり【形相仮説2】もろもろの形相のそれぞれが何らかのものであること（εἶναί τι ἕκαστον τῶν εἰδῶν）、そして【原因仮説3】その他のものはこれらのものを分有することによって、まさにこれらの呼び名をもつこと（τούτων τἆλλα μεταλαμβάνοντα αὐτῶν τούτων τὴν ἐπωνυμίαν ἴσχειν）が同意されると、その後でソクラテスは次のように尋ねました」（102a11-b3）

ここで「まさにこれらの呼び名をもつ」とは、例えば或る人が「美しさ」の形相を分有することで「美しい」と呼ばれるように、或るものがFさの形相を分有することでFと呼ばれることを意味する。このパイドンの発言は、この対話篇ではじめて「形相」という表現をテクニカルな意味で使う——そこから我々はこの原因説明を「形相原因説」と呼ぶ——という点で注目すべき箇所であるだけなく、①原因をめぐるソクラテスの経験談と②ケベスへの直接的応答とのつながりを我々に再び思い起こさせるという意味でも重要である。

②ケベスへの直接的応答（102a11–107b10）

形相原因説の提示のあとで、ソクラテスはケベスへの直接的応答に着手する。この議論は三段階に区分できるが、本稿の議論にとってとくに重要なのは第一段階（102b3-103a3）であり、それは、シミアス（ソクラテスのもう一人の対話相手）が「もつ」（102c3 ἔχων）あるいは「シミアスのうちにある」（102b5 εἶναι ἐν τῷ Σιμμίᾳ）と言われる「大きさ」と「小ささ」を例とする議論である。ソクラテスはまず（i）「シミアスはソクラテスよりも大きい」という事態が成立するとき、その原因は「シミアスがもつ大きさ」[14]（102c2-3 τῷ μεγέθει ὃ τυγχάνει ἔχων）あるいは「シミアスが大きさをもつ」（cf. 102c4-5 ὅτι σμικρότητα ἔχει）ことであると確認する。そして彼は次に、もともと（i）の事態が成立していたが、シミアスと比較される対象がソクラテスからパイドンに変わり、

(ii)「シミアスはパイドンよりも小さい」という事態が成立する場合を考える。このとき、一方で、大きかったシミアスのほうは「小ささ」を受け入れて、同じシミアスのままで小さくなるのだが、他方で、シミアスがもっていた「大きさ」のほうは小さくはなれず、むしろそれは(ii)において失われてしまう。ソクラテスは軍事的メタファーを使って、「小ささ」が攻撃を仕掛けるときには、「大きさ」は撤退するか滅ぼされるのだと表現する。ここで確立されることは次のように一般化できる。

(S1) 或る個物のうちにある*F*さは、その反対(これを「*G*さ」とする)を受け入れない。それは、*G*さが攻撃を仕掛けるときには、撤退あるいは消滅してしまう。

続く第二段階(103c7-105b4)では新たに別の存在者が導入される。それは「或る*F*さを常に伴うものであり、それが何かを占拠するときに、その占拠されるものにそれ自身の形相だけでなく、その*F*さをも常にもたらすもの」として定義される(cf. 104d1-3, 105a3-5)。例えば「火」は「熱さ」を常に伴うものであり、それが占拠するものに「火」だけでなく、「熱さ」をも常にもたらす。また「3」は「奇数」を常に伴うものであり、それが占拠するものに「3」だけでなく、「奇数」をも常にもたらす。ソクラテスはこのような存在者を導入した上で、*F*さだけでなく、これらの存在者もまた*F*さの反対(*G*さ)を決して受け入れないと論じる。このとき彼は再び軍事的メタファーを使って、「火」は、「冷たさ」が攻撃を仕掛けるときには、それを受け入れることがなく、むしろ撤退するか滅ぼされるのだと表現する。これも次のように一般化しておこう。

(S2) *F*さを常に伴い、ある事物を占拠するとその事物に*F*さを常にもたらすものは、*G*さを受け入れない。それは、Gさが攻撃を仕掛けるときには、撤退あるいは消滅してしまう。

そして最後の第三段階（105b5–107a1）で魂の不死・不滅が導き出され、ケベスへの応答が完了する。ソクラテスはここで「魂」を第二段階で導入された存在者に組み入れる。つまり、「魂」は「生命」を常に伴うものであり、それが占拠するものに「魂」だけでなく、「生命」をも常にもたらすものであると提案するのである。ところで、（S2）では問題となる存在者に撤退と消滅という二つの選択肢が与えられているが、「魂」にかぎっては、「生命」の反対である「死」を受け入れないために「不死」であり、この「不死」は「不滅」という意味なので、消滅という選択肢は残されない。[15]魂に残された選択肢は撤退のみである。したがって魂は「死」が攻撃を仕掛けるときにも消滅せず、たんに（善き神々のもとへと）撤退するということになる。これによって、ソクラテスがはじめに論証しようとしていたことが帰結すると同時に、魂が本性的に不死・不滅であると証明するように要請したケベスへの応答が完了するのである。

以上で形相原因説が提示される箇所が前後の文脈に位置づけられたので、次に解釈上の主要問題へと目を移そう。これまで辿ってきたケベスの反論に対するソクラテスの応答は全体として形相原因説の理解に関わると言えるが、本稿が照準を合わせるのは、形相原因説の理解に直接的に関わる解釈上の問題である。実のところ、形相原因説に関しては、その内実や意義の基礎的理解を得るために同意すべきことがらについても、学者たちのあいだで同意が成立していないというのが現状である。とくに次の二つの問題が中心的に議論されており、この二つを主要問題と見做すことができるだろう。

ひとつ目は、形相の存在論的身分をめぐる問題である。これまでほぼすべての学者たちが、（P1）の形相仮説は

「イデアの存在」（the existence of Forms）を仮定するものであると理解している。しかしその場合に、形相仮説で措定されるイデアと、ケベスへの直接的応答の第一段階で登場する「シミアスがもつ（あるいはシミアスのうちにある）大きさ」とがどのように関係するのかが問題になる。実際、「シミアスがもつ大きさ」もまたイデアであると考える学者がたくさんいる一方で、イデアの存在論的身分に関する自らの見解にもとづいてこのことを否定し、むしろそれは「内在性格」あるいは「イデアコピー」と呼ぶべき別のものなのだと主張する学者も同様にたくさんいる。この問題はそもそも形相仮説で何が措定されているのかに関わっており、形相仮説を正しく理解するためにどうしても解決しなければならない問題である。

二つ目は、形相原因説はどのようにして有意義な原因説明となりうるのかという問題である。原因仮説は例えば「或るものが美しい」という事態が成立するときに、その原因を「その或るものが美しさを分有する」ことだと特定する。しかし多くの学者は、このような説明はそもそもそのような事態が成立するかどうか分からないときにはまったく何の役にも立たないのだとか、あるいはそのような事態が成立するときでも、事態と原因説明との違いがほとんどないので、原因仮説はたんなる同語反復であり、情報皆無であると批判している。幾人かの学者たちによって原因仮説の有意義性を説明するための提案がなされているものの、これまで十分な応答は提示されていないように見える。形相原因説の意味や役割を理解するためには、この問題に一定の解答を示す必要がある。

私の見るところでは、二つ目の主要問題を解決するためには、まず形相仮説で何が問題になっているのかを明らかにする必要があるので、以下では一つ目の問題から取り組んでいくことにしたい。形相原因説に関連する問題は他にもたくさんあるが、この二つの主要問題が解決されるならば、少なくとも我々はプラトンの形相原因説の基礎的理解を得ることができたと言えるであろう。

三　二通りのイデア解釈と議論の行き詰まり

形相の存在論的身分をめぐって、これまで学者たちは二つの陣営に分かれて論争を続けてきた。彼らの提示する解釈とその争点を理解するために、まずはどんな点で彼らが共通見解をもつのかを見定めておきたい。私の知るかぎり、この問題を論じるすべての学者が次の二つの点で一致している。［1］ひとつ目は、（P1）の形相仮説は単純に「イデアの存在」(the existence of Forms) を措定する命題であると考えることである。そして［2］二つ目は、プラトンが或る同一の事態を描写するために使う異なる記述方式を、イデアに言及する記述方式とそれによって説明される記述方式の二つに分けることである。この二つ目の点を少し詳しく説明しよう。第二節で確認した形相原因説の関連箇所において、プラトンは事態を描写するために三通りの記述方式を使っていた。つまり、（P2）の原因仮説での「或る美しいものが美しい」という記述とその原因を示す「或る美しいものがあの美しさを分有する」という記述、またケベスへの直接的応答の第一段階での「シミアスが大きい」ことの原因を示す「シミアスが大きさをもつ」（＝「大きさがシミアスのうちにある」）という記述である。或る美しいものやシミアスを x で表すならば、これらは次の三通りの記述方式にまとめることができる。

（D1）　x は F である
（D2）　x は F さをもつ（＝ F さが x のうちにある）
（D3）　x は F さを分有する

従来の解釈は、この三通りの記述方式のうち二つを（どの二つかはこの後すぐ説明する）ほぼ同じ意味の言明として同化し、イデアに言及する記述方式とそれによって説明される記述方式に分けるのである。この［1］と［2］の特徴をもつ解釈を「イデア解釈」と呼ぶことにしよう。

　では、これまで学者たちはどのように対立する見解を提示しているのだろうか。まず、一方の陣営に帰属する学者たちは、何よりもイデアが離在するという事実を強調する。つまり、イデアというものは超越的存在者であり、諸事物のうちにあるようなものではないのだ（この解釈を「離在解釈」と呼ぶことにしよう）。[16] そこで、「シミアスがもつ」とか「シミアスのうちにある」と言われる「大きさ」はイデアではありえないことになる。この解釈をとる学者たちはこれを「内在性格」とか「イデアコピー」と呼んで、イデアから区別する。ところで、この内在性格は基本的に感覚知覚されるものである。[17] だから「シミアスは大きさをもつ」も「シミアスは大きい」も感覚知覚される事態をそのまま報告する形式の命題であり、両者はたんなる言い換えに過ぎないと見做される。そのようなわけで、離在解釈では上述の三通りの記述方式のうちイデアに言及する（D3）だけが原因説明になり、（D1）と（D2）とは同化されて、（D3）によって説明される記述方式になるのである。実のところ、この解釈をとる代表的な学者は、プラトンの形相原因説を次のように定式化している。

　どの*F*という性格、どの個物*x*についても、それと同名のイデアΦが存在し、*x*がΦを分有するとき、そのときにのみ、*x*は*F*である（i.e. *x*は*F*という性格をもつ）。（Vlastos 1981［1969］, 85-86）

「*x*はFである」（あるいは*x*は「イデア」Φの名を受けてFと呼ばれる）ということは、*x*がFをもつ（ἔχει）ことを意味し、そして、*x*がFであり、Fをもつという事態は、*x*がΦを分有する（μετέχει）ことによって成立する。（藤澤 2000［1974］, 116 = Fujisawa 1974, 35）

これに対して、他方の陣営に帰属する学者たちは、イデアが離在するということを絶対視せず、少なくとも或る仕方ではそれが諸事物に内在しうるというのがプラトンの立場なのだと主張する（この解釈を「内在解釈」と呼ぶことにしよう）。[18] この解釈によれば、（P1）の形相仮説で存在が確認されるものがイデアであるのは当然だが、シミアスのうちにある「大きさ」もまさしくそのような特別な仕方で諸事物に内在するイデアなのである。そしてこの内在解釈をとる学者たちは、（D2）と（D3）とでは使われている動詞こそ違うものの、「もつ」と「分有する」とは結局のところ交換可能な動詞だと考えて、この二つの記述方式を同化するのだ。こうして（D2）と（D3）とはどちらも原因としてのイデアに言及する記述方式になり、それに対して（D1）はそれらによって説明される記述方式になるのである。

さて、これまですでに両方の陣営から対抗陣営に向けて強力な反論が提示されている。ここではそのうちでとくに重要だと考えられるものを確認しておきたい。なお、ここではこれらの反論を、イデア解釈をとる学者が提示したものとして記述し、[19] また後の議論のために通し番号をつけることにする。

まずは、離在解釈側から提示された内在解釈に対する二つの反論を見よう。【問題1】第一に、プラトンが或るイデアを取りあげてそれを最も詳しく描写するのは『饗宴』210e2-b5であるが、[20] この基幹的テクストにおいて、諸事物がイデアを分有するという言い方はされるが、イデアが諸事物のうちにあることは異論の余地なく否定されている。

（P5）その美しさはまたその者に［…］どこか、何か別のもののうちに（που ὂν ἐν ἑτέρῳ τινι）、例えば生き物や大地や天空や何か他のもののうちにあるものとしても、現れることはないでしょう。むしろそれは、それ自体でそれ自体とともに常に単一相的にあるもの（αὐτὸ καθ᾽ αὐτὸ μεθ᾽ αὐτοῦ μονοειδὲς ἀεὶ ὄν）として現れ、他のすべての美しいものは何か次のような仕方でその美しさを分有するもの（μετέχοντα）なのです。
(211a1-b3)

ここで美しさのイデアが生き物のうちにないと言われるのは、この少し前で言及される「魂のうちの美しさ」（τὸ ἐν ταῖς ψυχαῖς κάλλος 210b6-7）や「身体のうちの美しさ」（τοῦ ἐν τῷ σώματι 210b7）を意識した表現であり、そのような事物のうちにある美しさと美しさのイデアとが対比されている。[21] この箇所からは、或る特別な条件のもとでなら美しさのイデアもまた身体や魂のうちにありうると読み込むことは到底できない。それに対してプラトンは、美しいものが美しさのイデアを分有するという事態は成立すると述べている。したがって、イデアについては「分有」を使った（D3）の記述方式は可能だが、「もつ」や「のうちにある」を使った（D2）の記述方式は使用できないことが明らかである。**【問題2】** 第二に、「シミアスのうちにある大きさ」もイデアであるとすると、イデアが消滅する可能性をもつことが帰結してしまうが、それは不合理である。[22] 第二節で（S1）としてまとめられたように、ケベスへの直接的応答の第一段階のポイントは「或る個物のうちにある*F*さは、*G*さが攻撃を仕掛けるときには、撤退あるいは消滅してしまう」というところにあった。だから、「シミアスのうちにある大きさ」がイデアであるなら、ソクラテスはイデアが消滅する可能性を考慮していることになる。さらに決定的なのは、この応答の第三段階のなかでソクラテスが「奇数」を*F*さの例として取りあげながら話すことである。つまり彼は、「偶数」が攻撃を仕掛けるときに奇数は撤退せずに消滅するのだと或る人が主張するなら、「そう言う人に我々は奇数が消滅しないと戦い抜くことはできないだろう」（106c2-3）と述べている。もし仮に内在解釈が正しいとすれば、ここでソクラテスはイデアが消滅する可能性を――たんに考慮しているのではなく――容認していることになる。しかしそれは明白に不合理である。したがって「シミアスのうちにある大きさ」には消滅の可能性が認められる以上、イデアではないと考えなくてはならない。

他方で、これらの反論に劣らず強力な反論が、内在解釈側から離在解釈に向けて提示されている。【問題3】第一に、形相原因説が提示されるまさにその箇所で、ソクラテスはイデアが諸事物に内在するという言い方をはっきりと許容している。彼は、(P2)［原因仮説1］の定式では（イデアを）「分有する」という表現を使うものの、すぐ後で（イデアが）「現在する」(παρουσία) とか「共有関係をもつ」(κοινωνία) などと言ってもよいと断る (100d4-7)[23]。そしてソクラテスがこのような言い方を本心から許容していることは、『国家』においてイデア論が導入される重要箇所 (475d1-476d6) での彼自身の言葉によって裏付けられる[24]。

(P6)「そしてまさに正義と不正と善と悪とすべての形相 (πάντων τῶν εἰδῶν) について同じことが言える。つまり、そのそれぞれはまさにそのものとしてはひとつのものだが、もろもろの行為や身体・物体やお互いとの共有関係によって (τῇ … τῶν πράξεων καὶ σωμάτων καὶ ἀλλήλων κοινωνίᾳ) あらゆるところに現れて、それぞれが多くのものだと見えるのだ」(476a5-8)

ソクラテス自身がこのようにイデアは諸事物に現在するとかそれらと共有関係をもつという言い方を容認しているのに、イデアがシミアスのうちにあるという言い方を拒否するのは不合理である。【問題4】第二に、議論の文脈を考慮するならば、①形相原因説が提示される箇所と②ケベスへの直接的応答とでイデアと内在性格というそれぞれ別々のものが問題になるというのは明らかにおかしい[25]。第二節で確認されたように、ソクラテスは議論の冒頭でまず①生成と消滅とあることの原因をめぐる経験談をケベスに話し、それから必要な要素を②ケベスへの直接的応答に利用する、という手続きをとると言っていた (95e8-96a3)。さらに②を導入する (P4) でパイドンが形相原因説の内容を確認しており、このことは②のなかで形相原因説が用いられることを強く示唆する。ところが離在解釈によると、①経験談のなかではイデアによる原因説明が提示されるが、②ケベスへの応答ではそれはまったく利用されず、むしろ内在性格による原因説明が新たに導入されることになる。しかしそのような理解は、明らかにソクラテスの手続きと相容れず、文脈を完全に無視していることになるだろう。【問題5】最後に、問題3と4ほどには深刻ではないが、プラトンが「形相」（εἶδος, ἰδέα）という言葉を用いる仕方も内在解釈を支持し、離在解釈を支持しない。[26] この言葉は②ケベスへの応答を導入する（P4）で、パイドンが形相原因説を言い直すときにはじめて用いられ、その後はこの議論で「或る個物のうちにある*F*さ」を指示する言葉として複数回用いられる（104b9, c7, d9, e1, 105d13, cf. 105d5–6）。離在解釈ではこのプラトンの重要なテクニカルタームが最初の一回を除いてすべて「内在性格」を指示することになるが、それは不自然である。むしろこの言葉は一貫してイデアを指示するために用いられると考えるべきであろう。

以上の五つの問題が双方の陣営から提示されているが、これまでに説得力のある解決策は提案されていない。むしろ最近では、どちらかの立場からケベスへの応答に関わる諸問題を議論しなければならない場合でも、これらの問題には深入りしないままで自分が支持する立場から議論することが多いように思われる。[27] 実際、私の見るところでは、イデア解釈をとるかぎり、二つの対抗する陣営から提示される反論は同じくらい深刻であり、解決策を見つけ出すことは不可能であるように見える。そこで私は、このイデア解釈の枠組みを棄却することによって、形相原因説を整合的に説明できる新たな解釈を見つけ出せないかを考えてみることにしたい。

四　新しい解釈

前節の冒頭で我々は、イデア解釈全般に共通の二つの特徴を確認した。つまりそれは、[1]（P1）の形相仮説は端的に「*F*さのイデアが存在する」と仮定するものだと理解すること、そして［2］プラトンが或る事態を記述するときに用いる次の三通りの方式

（D1）　*x*は*F*である
（D2）　*x*は*F*さをもつ（＝*F*さが*x*のうちにある）
（D3）　*x*は*F*さを分有する

のうち二つを同化して、イデアに言及する記述とそれによって説明される記述に分けるということだった。これに対して私は次のように提案したい。まず、［1*］形相仮説をプラトンの言葉により近いまま「*F*さそのものがそれ自体で存在する」と定式化すべきであること、そして［2*］（D1）と（D2）と（D3）はすべて異なる記述方式だと見做すべきことである。このように解釈すれば、前節で二つの陣営から提示された問題はすべて解消され、形相原因説が整合的に理解できるようになると思うのである。以下本節では［1*］と［2*］とをこの順序で議論し、最後にまとめとして形相原因説が提示される箇所をこの立場から簡単に概観したい。

四・一　「*F*さそのものがそれ自体で存在する」

まずは、（P1）の形相仮説を「*F*さそのものがそれ自体で存在する」と定式化することによってどのように問題解決の道が開かれるのかを説明しよう。重要なのは、この定式化では、イデア解釈のように形相仮説が一枚岩的に理解されるのではなく、「*F*さそのもの」と「それ自体で」とが二つの要素として区別されることである（以下簡略化のために「*F*さ」の後の「そのもの」を省略する）。[28] このことによって、この仮説の「それ自体で」という要

素だけが、「或る事物のうちに」と対立すると考える道が開かれる。つまり、確かに（P1）の形相仮説では「*F*さがそれ自体で存在する」ことが仮定されるけれども（その理由はこのサブセクションの最後で考察する）、*F*さは必ずあらゆる場合にそれ自体で存在しなければならないものでは決してなく、何かのうちにも存在するものなのである。別の言い方をすると、*F*さは「それ自体で存在する*F*さ」と「或る事物のうちの*F*さ」という存在論的に異なる身分をもつ二種類の存在者のどちらをも包括する広い概念なのだ。他方で、「それ自体で」と「或る事物のうちに」は対立する仕方なので、同一の*F*さが同時にこれら二つの仕方で存在することはできないことになる。

　分かりやすくするために、この解釈が、イデア解釈の離在解釈、内在解釈とどのように異なるのかを図を用いて説明しよう。円Aが全体の集合、円CがAの部分集合、BがCの補集合であるとする。そして円Aは内在解釈がさまざまなイデアだと見做すものを表すとしよう。このとき離在解釈は、内在解釈がイデアと見做すものをイデアと内在性格（あるいはイデアコピー）に分けるので、円Cがさまざまなイデアを表し、Bがさまざまな内在性格を表すと考えることになる。離在解釈では円Aは全体として何かを表すわけではない。これに対して私の提案では、円Aは全体としてさまざまな*F*さを表すと考える。そしてそのうちの或るものがそれ自体で存在し、別のものが或る事物のうちに存在すると考えるので、円Cがそれ自体で存在するさまざまな*F*さを、そしてBがそれぞれ或る事物のうちに存在するさまざまな*F*さを表すことになる。なお、他の諸対話篇を考慮するならば、Bはいわゆる定義探究型対話篇(29)や総合と分割の方法を適用する対話篇(30)において措定される、さまざまな事物や行為などのうちで同一の*F*さに相当し、また円Cが表す存在者を指すためにプラトンが使う言葉は「イデア」（εἶδος, ἰδέα）ではなくて、「真実在」（τὸ ὄντως ὄν *Rep*. 490b5; *Phdr*. 247c7; *Phlb*. 59d4;

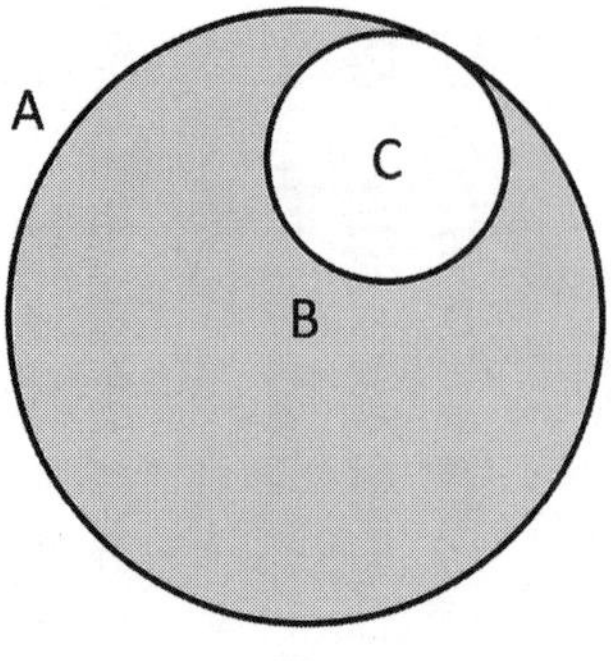

図1

Ti. 52c5, etc.）である。(31)

このように理解することで、まずイデアが内在するかどうかをめぐる問題1と問題3が解消されることを確認したい。私の提案では、次の四つの事態が相互に区別される。

（E1）*F*さがそれ自体で存在する
（E2）*F*さが*x*のうちに存在する
（E3）それ自体で存在するところの*F*さが、*x*のうちに存在する
（E4）*x*のうちに存在するところの*F*さが、それ自体で存在する

ここで（E1）と（E2）とは互いに矛盾するわけではないので、両方が成立すると考えることができるが、（E3）や（E4）はそれ自身に矛盾を含んでいるので、どちらも成立しない。このことを念頭において形相原因説の箇所を振り返ると、ソクラテスが最初に提示する（P1）の形相仮説は（E1）と同じであるが、（P2）の原因仮説を提示した後に彼が許容する「*F*さが*x*に現在する」とか「*F*さが*x*と共有関係をもつ」という言い方は（E2）に相当することが分かる。これらは互いに矛盾するわけではないので、ソクラテスがどちらの言い方をしても問題にはならない（問題3が解消される）。他方で、前節で（P5）として引用された『饗宴』211a1-b3では、恋の求道者が最終的に到達すべき美しさは、それ自体であるものとして現れて、生き物などのうちにあるものとしては現れないと言われていたが、ここで否定されるのは（E2）ではなくて、（E3）なのである。（E3）は矛盾を含む以上、その成立が否定されるのは当然だと考えられる（問題1が解消される）。

またこのことによって「形相」（εἶδος, ἰδέα）という言葉の用語法をめぐる問題5と文脈の理解をめぐる問題4も

解消できる。問題5に関しては、この議論において「形相」という用語は「それ自体で存在する*F*さ」とではなく、「*F*さ」と交換可能な用語であると考えればよい。[32] 確かに、形相仮説に着目して、(P1)［形相仮説1］と(P4)のパイドンの報告中の形相仮説2を較べるなら、(P4)の「形相」は(P1)の「それ自体で存在する*F*さ」を置き換えているように見える。しかしそうすると、②ケベスへの直接的応答のなかで繰り返し使われる「形相」はパイドンの報告中に使われる「形相」と指示対象が異なることになり、問題5は解消できない。そこで今度は原因仮説のほうに着目して、(P2)［原因仮説1］と(P3)［原因仮説2］と(P4)のパイドンの報告中の原因仮説3とを較べるなら、(P4)の「形相」はむしろ(P3)の「*F*さ」を置き換える言葉として使われていると見ることができる。[33] この場合、ケベスへの応答のなかで「形相」が「或る個物のうちにある*F*さ」を指示する言葉として繰り返し使われるとしても問題にはならないのは明らかだろう。*F*さはそれ自体でも、或る事物のうちにも存在しうるものである以上、「形相」という言葉は「それ自体である*F*さ」も「或る事物のうちにある*F*さ」も指示できるからだ。

そして文脈をめぐる問題4に関してもほぼ同じように説明できる。形相原因説では、冒頭の(P1)でこそ「それ自体で存在する*F*さ」が原因として提示されるが、(P2)［原因仮説1］の後で「或る事物のうちにある*F*さ」にも原因の資格が与えられる。この「或る事物のうちにある*F*さ」が②ケベスへの直接的応答の第一段階で原因として扱われると考えればよいのである。もちろんこの解釈では「それ自体で存在する*F*さ」は形相原因説のなかだけで原因と見做され、それ以降の議論では原因としては再登場しないことになるが、その点では「自然学的原因説明」や「知性にもとづく原因説明」も事情は同じであり、問題にはならないだろう。

しかし当然ながら次のような反論が提起されるであろう。はたしてプラトン自身がこのような区別をするというテクスト的根拠はあるのだろうか。確かに——とこの反論は続ける——形相仮説を「*F*さそのものがそれ自体で存在する」と定式化すればこれまでに提起された諸問題を解決するための道が開かれるかもしれない。しかしこのように理論上の解決案を素描するだけでは、それらの問題を解決したことにはならない。このような解釈を提示するためには、プラトン自身が「*F*さが存在する」を「*F*さがそれ自体で存在する」から区別していたことを示す必要があるのだ、という反論が提起されるであろう。

実のところ、プラトンが認識論的・形而上学的文脈のなかで「それ自体で」（καθ' αὑτό）という言葉を使うことはきわめて稀で、[34]『パイドン』では66a2, 78d6, 83b1, 100b6の四箇所に限られる。今問題になっているのが100b6の用例であり、また83b1は66a2の用例への再言及にすぎないから、残る手がかりは66a2と78d6の用例だけになる。

しかしともかく66a2の用例を含む議論（65d4-66a10）は、プラトンがこの区別をしていた証拠と見做せるだろう。[35]そこでソクラテスはまず「正義そのもの」「美しさ」「善さ」などが存在することをケベスに同意させ（『パイドン』ではこれが*F*さに言及する最初の箇所である）、続いてそれらは感覚知覚では把握できないことを確認し、その後でそれらを考察・思考する場合を論じる。ここで彼は、それらを考察・思考するときには精確さや純粋さの程度で違いが生じることに言及し、*F*さをそれ自体で把握することを知の最終段階として描写する。

（P7）その人がそれについて考察するところの、それぞれのものそのもの（αὐτὸ ἕκαστον）を我々のうちで最大限にそして最も精確に思考する準備がある者、その者こそが、それぞれのものを知ることの最も近くに進むことになるだろう。［…］両目や両耳や言うなれば身体全体から最大限に距離をとって、思考を、そのものをそれ自体で純粋に使って、もろもろのあるもののそれぞれを、そのものをそれ自体で（αὐτὸ καθ' αὑτό）純粋に狩猟することを試みる者、この者こそがこのことを最も純粋に成し遂げるのではないか。（65e2-66a7）

（P7）では明らかに「*F*さを考察・思考する」ことが、「*F*さをそれ自体で考察・思考する」ことから区別されている。この議論では、最初にその存在が同意される*F*さは「それ自体で存在する」とは言われず、また*F*さをそれ自体で思考する段階にない人に関しても、*F*さが考察の対象になることは認められている。ここから導かれることは、*F*さは必ずしもそれ自体で存在するわけではなく、何か他のもののうちにも存在するものであり、思考の初期段階ではまさしくそのようなものとして考察されるということであろう。そして知の最終段階において哲学者は、それ自体で存在する*F*さという別種のもの——従来の解釈では「イデア」と呼ばれるが、私はプラトン自身の用語を使って「真実在」と呼ぶべきだと考えるもの——に遭遇するのである。だからこの箇所は、プラトン自身が「*F*さが存在する」を「*F*さがそれ自体で存在する」から区別していたことを示す重要な根拠となる。

他方で、残る78d6の用例を含む議論（78b4-e6）は、むしろプラトンがこの区別をしないことの明白な証拠だと思われるかもしれない。実際この箇所はしばしば次のように訳される。

（P8）等しさそのもの、美しさそのもの、つまり、それぞれのものがまさにそれであるところのもの自体、すなわち、実在は、変化というものを、たとえ変化がどのようなものであろうと、受け入れるようなことがあるのだろうか。あるいは、これらのそれぞれが、まさにそれであるところのものは、単一の相をそなえ、それ自体がそれ自体だけであるのだから、つねに同じあり方をしていて同一性を保ち、いかなる時にも、いかなる点においても、いかなる仕方によっても、けっして何一つ変化を受け入れないのではないのだろうか。

（78d3-7, 朴一功訳 (2007, 228). 強調は筆者）

確かにこの訳を読むかぎりでは、プラトンは、*F*さというものは必ずそれ自体で存在するのであり、何かのうちに存在することはありえないと考えていたようにしか見えない。[36] しかしながらここで「単一の相をそなえ、それ自体がそれ自体だけであるのだから」と訳された μονοειδὲς ὂν αὐτὸ καθ᾽ αὑτό は、主語の指示対象の範囲を制限するための挿入句だと理解することもできる。(37) そう理解する場合には（α）「そのものがそれ自体でなら単一相的なので」あるいは（β）「そのものがそれ自体で単一相的である場合には」のように訳すことになる。(38) このときプラトンはわざわざ挿入句を挟んで、ここでの発言がFさ一般には妥当しないと示していることになるので、（P8）の訳とは逆に、プラトンが問題となる区別をする箇所になるであろう。さらに、（α）や（β）のように訳すことで残された問題2も解消される。なぜなら、あらゆる仕方でまったく変化を受け入れないのは、それ自体で存在するFさだけであり、何かのうちに存在するFさが消滅することがあるとしても、この箇所と矛盾しないからだ。いずれにせよ、この箇所をどう訳すべきかが解釈に依存する以上、複数の学者が（P8）のような仕方で訳出するとしても、それは私の提案に対する反例にはならない。

以上から、（P1）の形相仮説を「Fさがそれ自体で存在する」と定式化し、この定式に含まれる「それ自体で」が「或る事物のうちに」と対比されると理解するなら、前節で我々が見た解釈上の5つの問題がすべて解消されること、そしてこの理解は少なくとも65d4-66a10の議論によって裏付けられることを示せたと思う。しかし次のことが問題として残る。つまり、もしFさが或る事物のうちにも、それ自体でも存在するのなら、なぜソクラテスは冒頭の（P1）「形相仮説1」を提示するにあたって、両方を包括する「Fさが存在する」ことではなく、「Fさがそれ自体で存在する」ことをケベスに同意させたのだろうか。

これに対して私は次のように提案したい。つまり、「それ自体で存在するFさ」は「或る事物のうちにあるFさ」よりも原因としての説明能力が高いので、有効な原因説明を提示するというこの文脈では、前者に焦点を当てる必要があったからだ、と。私の解釈では、形相原因説は、例えばヘレネが美しいときに、その原因として次のいずれかを指定する。すなわち、（（P3）の原因仮説におけるように）たんなる（A*）「美しさ」、あるいは（B*）「ヘレネのうちにある美しさ」、あるいは（C*）「それ自体で存在する美しさ」のいずれかである（A、B、Cは図1の表記に対応する）。しかしこれらの異なる「美しさ」の説明能力は同じではない。なぜなら、（C*）は、あらゆる美しいものが美しい原因であるのに対して、[39]（B*）は、ヘレネが美しい原因ではあるが、例えばオイラーの公式が美しい原因ではないからだ。また（A*）は、（B*）と（C*）との間で曖昧であり、たんにどちらなのかを特定していないだけなので、その説明能力もまたどちらに連なるのか曖昧になる。このような理由で、有効な原因説明を提示するという文脈のなかでは、説明能力の高い（C*）に焦点が当てられるのである。もちろんプラトンは、この同じことを、最初に（A*）を提示して、その後でそれを（B*）と（C*）に分けて詳しく説明することによって、より分かりやすく提示できたであろう。しかしプラトンが分かりやすい説明をしていないことになるというのは、この提案にとっての否定材料にはならない。なぜなら、どのような解釈をとろうとも、プラトンの議論の整合性を可能なかぎり確保しようとするならば、プラトンが難解で圧縮した仕方で形相原因説を提示していることになるということに変わりがないからだ。したがって私は次のように提案する。つまり、ソクラテスは、原因としての説明能力の違いを考慮しているので、まず最初に（C*）を原因として確保し、次に（A*）と（B*）も原因だと確認するという手順を踏んで形相原因説を提示しているのだ、と。

四・二　三つの異なる記述方式

次に、（D1）「xはFである」と（D2）「xはFさをもつ」と（D3）「xはFさを分有する」はすべて異なる記述方式であるという提案を擁護したい。ここでは最初に（D1）と（D2）を同化する離在解釈に対して、それらが異なることを論じ、その後で（D2）と（D3）を同化する内在解釈に対して、それらが異なることを論じるという手続きをとりたい。

しかし先取り的にまず、私の立場を説明しておこう。私は、(D1)が感覚知覚される事態をそのまま記述する方式であり、(D2)と(D3)がどちらも、思考の対象であるFさに訴えることで、(D1)として記述される事態の原因を説明する記述方式であると考える。(D2)と(D3)の違いを説明するために、もう一度図1を見て欲しい。私は、円Aは全体としてFさ(あるいはFさの形相)を、円Cが「それ自体で存在するFさ」(あるいはFさの真実在)を、そしてBが「或る事物のうちに存在するFさ」を表すと説明した。このとき、私は、(D2)「xはFさをもつ」がxとBが表す事物との関係を記述する方式であり、(D3)「xはFさを分有する」がxと円Aが表す事物との関係を記述する方式であると提案する。円CもBも円Aに含まれるので、(D3)はxと円Cが表す事物との関係を記述するときにも、xとBが表す事物との関係を記述するときにも使うことができる。しかしプラトンは、xと円Cが表す事物との関係だけを記述する方式は提示していない。(D1)と(D2)と(D3)はこのようにすべて異なる記述方式であるというのが私の提案であるが、このことを論じるために、まずは離在解釈の(D1)と(D2)を同化する立場を批判的に見ていくことにしよう。

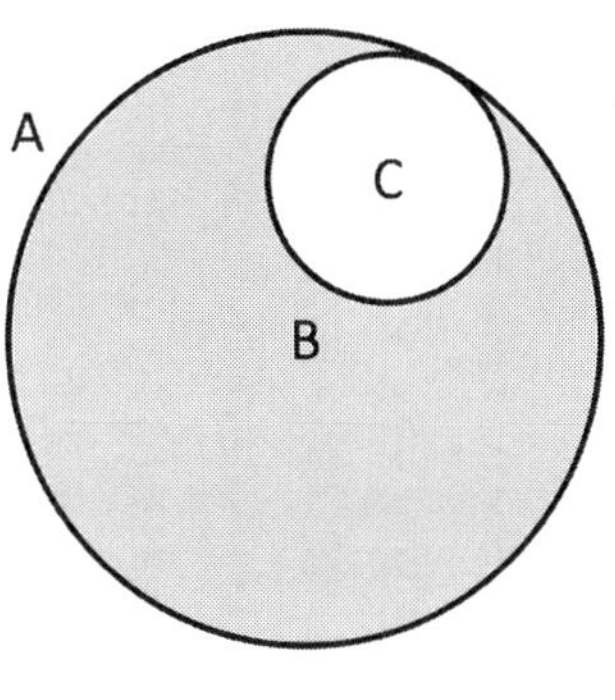

図1

さて、形相原因説の箇所とその前後の文脈を見るかぎりでは、離在解釈をとる学者がなぜ(D1)と(D2)を同化するのかは不可解であると言わねばならない。すでに見たように、この解釈をとる代表的な学者は、(D1)「xがFである」と(D2)「xがFさをもつ」を同化して、この両方が(D3)のバリエーションである(D3*)「xはイデアΦを分有する」によって説明されると考える。しかしまず、ソクラテスが提示する原因仮説はいずれも、(D2)が説明される側の記述方式であることを支持しない。(P2)[原因仮説1]では「或る美しいものが美しいなら、その原因はあの美しさを分有することだ」と言われるだけで、その条件節は「或る美しいものが美しさをもつなら」では

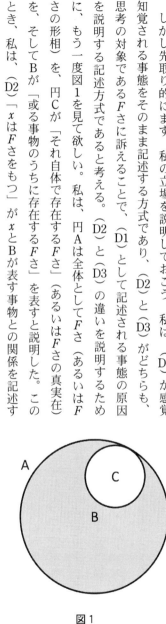

ない。また（P3）［原因仮説２］では「美しいものは美しさによって美しい」と言われるだけで、その主語は「美しさをもつものは」ではない。だから、（D2）を説明される側の記述方式とするためのテクスト的根拠がまったくないのである。さらに問題なのは、ケベスへの直接的応答の第一段階のなかで（D2）は原因を説明する側の記述方式であることだ。つまりそこでは、（D2）の「ソクラテスは小ささをもつ」は、（D1）の「ソクラテスは小さい」という事態が成立する原因を説明する記述方式であることが、理由を導くὅτι-節によって確認されるのである（102c4-c5）。このことを念頭において（P3）の「美しいものは美しさによって美しい」という定式を振り返るならば、この定式もやはり（D2）の「美しいものが美しさをもつこと」が原因を説明する側の記述であることを示すように思われる。したがって、問題となる箇所を見るかぎりでは、そもそも離在解釈をとる学者が（D1）と（D2）をなぜ同化しようと思うのかを理解することも難しいと思われる。

　実のところ、離在解釈をとる学者はしばしば想起説の議論（73c1-77a5）を参照させることで、この同化を擁護している。[40] 例えば、離在解釈の形成に大きな影響力をもったCornfordは、この議論において（i）「等しさそのもの」と（ii）「諸事物における感覚知覚される等しさ」とが区別されていると考える。そして、（ii）は或る人には等しく、別の人には等しくなく見えるという点で不完全なのだが、その不完全さは（i）との比較で判明する、ということが想起説のポイントなのだ、と説明する。[41] さらに彼は、想起説でなされたこの区別がずっと後の形相原因説の箇所に持ち越されると見做すのである。確かにもしこのCornfordの説明が正しいならば、（ii）に相当する「シミアスにおける大きさ」は感覚知覚されるものであり、或る点で大きく、別の点では大きくなく見えるという点で不完全であることになる。そしてソクラテスはこのようなものに原因としての資格を認めないはずである。なぜなら彼は、或るものが大きいという事態が成立するときに、その原因となるものが小さいのは不合理だと主張するからだ（101a8-b1）。

しかし想起説の議論に(ii)「諸事物における感覚知覚される等しさ」を読み込むこともやはり無理だと思われる。第一に、ここでもやはりそうするためのテクスト的根拠が存在しない。そもそもこの議論で、想起の契機となる感覚知覚されるものは次のような仕方で導入される。「等しい石や材木はときに、同じものでありながら、或る人には等しく[42]、別の人には等しくなく見えるのではないか?」(λίθοι … ἴσοι καὶ ξύλα ἐνίοτε ταὐτὰ ὄντα τῷ μὲν ἴσα φαίνεται, τῷ δ᾽ οὔ; 74b7-9)。そしてこれらの「等しい石や材木」は直後で「等しいもの」(ταὐτά …[43] τὰ ἴσα 74c4)と言い換えられるが、この「等しいもの」が、想起が起こる過程で「等しさ」(αὐτὰ τὰ ἴσα, ἡ ἰσότης 74c1)と比較されるのである。だから、想起が起こる過程の説明に「諸事物における等しさ」[44]は登場しない。また離在解釈をとる学者は、少し後の75b6-7 τὰ ἐκ τῶν αἰσθήσεων ἴσα を参照させることもあるが、この箇所もやはりテクスト的根拠にはならない。確かにこの表現だけを考えると、これを「感覚知覚からの等しさ」と訳すこともできるが、この表現が使われるのは想起が起こる過程の説明が終わったあとなので、そこで新しい比較対象が出現するというのは不合理である。だからやはりここも「感覚知覚からの等しいもの」と訳すべきであり、実際に私が知るすべての翻訳がそのように訳出している。[45] そして第二に、想起説の議論で導入された「諸事物における感覚知覚される等しさ」が形相原因説に持ち越され、「シミアスのうちの大きさ」はその一例であるならば、矛盾が発生してしまう。なぜならCornfordの説明によると「諸事物における等しさ」は相反する仕方で現れるが、テクストでは「シミアスのうちの大きさ」は「大きくありながらも小さくあることを敢えてせずにいる」(οὐ τετόλμηκεν μέγα ὂν σμικρὸν εἶναι 102e5-6)と述べられ、決して相反する仕方では現れないからである。[46]

したがって、(D1)と(D2)は明確に区別されなければならない。テクストにはこれらを同化するための根拠がなく、むしろ(P3)[原因仮説2]の「美しいものは美しさによって美しい」やケベスへの直接的応答の第一段階の議論は、(D2)が原因を説明する側の記述方式であることを示しているからだ。すでに見たように、離在解釈は（D2）が感覚知覚される事態をそのまま報告する記述方式だと見做していたが、これは深刻な誤りだと思われる。なぜなら第一に、私が四・一節で論じたように、*F*さはそれ自体で把握される以前、すなわち他のもののうちに把握される場合でも、思考の対象だと見做されているからだ。また第二に、（D2）の記述方式を用いる議論はロゴスにおける考察の一部をなすからである。[47] ソクラテスは、感覚知覚に依拠する探究を離れてロゴスへと避難した後に、形相原因説を考案したと語っている（99d4-100a3）。そして彼は、そこから引き出された要素をケベスへの直接的応答に利用する。[48] だから、ケベスへの応答のなかで提示される原因説明の記述方式もまたロゴスにおける探究の一部を構成するのだ。したがって（D2）は感覚知覚される事態をそのまま記述する方式ではない。そのような記述方式は（D1）だけであり、（D2）を（D1）に同化してはならないのである。

　では次に、（D2）「*x*は*F*さをもつ」（*F*さが*x*のうちにある）と（D3）「*x*は*F*さを分有する」との区別に移ろう。この二つの記述方式が区別されることは、（P5）として引用された離在解釈がイデアの離在を論じるときの根拠、すなわち『饗宴』211a1-b3の箇所から明らかである。確かにテクニカルでない用語法としては（D2）と（D3）で使われる動詞（ἔχειν, μετέχειν）およびその類義語の間に明確な差異を見出すことは難しく、それらは言い換えでもありうる。[49] しかし（P5）では、或る美しさがそれ自体であるものとして現れ、諸事物のうちにはないけれども、それでも諸事物はその美しさを分有すると述べられている。ここでは、この美しさに関して、（D2）は成立しないが、（D3）は成立するという仕方で、この二つの記述方式が明確に区別されている。（P5）は、（D2）と（D3）を区別するためのテクスト的根拠となる唯一の箇所だが、プラトンが自らの形而上学説を詳細に展開する非常に重要な箇所なので、これと矛盾する記述がないかぎりは、この区別は確立されると言ってよいと思われる。

　これに対して、内在解釈をとる学者から『カルミデス』において（P5）のような使い分けと矛盾する例があると指摘されている。[50] つまり、この対話篇の主題となる「節度とは何であるか」という問いが投げかけられる場面

（158b5–159a10）で、ソクラテスは（節度を）「分有する」（μετέχειν）と（節度が）「現在する」（παρεῖναι）・「内在する」（ἐνεῖναι）とを言い換え可能な表現として使っている。ここでこれらの動詞は十分に形而上学的な意味合いをもつので、テクニカルでない用語法として無視することはできない。だから「もつ」と「分有する」との使い分けは成立しない、とこの学者は批判するのである。もしこの批判が正しければ、（D2）と（D3）を区別するための根拠も、同化するための根拠も同様に存在することになってしまう。

しかしこの内在解釈側からの指摘は、（P5）を根拠として（D2）「xはFさをもつ」と（D3）「xはFさを分有する」を区別する解釈に対して有効な反論にはならない。なぜなら、（P5）と『カルミデス』の問題となる箇所は整合的に理解できるからである。そのためにはたんに、（D3）の「分有する」はxとFさとの関係のあり方の詳細に立ち入らない記述方式であり、（D2）の「もつ」や「うちにある」よりも幅広く使えると考えればよい。簡単に言うと、（D2）を使える場合は（D3）も使えるが、その逆は成立しないと考えればよいのである。あるいは、図1を思い出すならば、（D2）はxとBが表す事物との関係を記述する方式であり、（D3）はxと（Bを含む）円Aが表す事物との関係を記述する方式であると考えればよいのである。『カルミデス』で問題になるのは、カルミデスがもちうる節度、すなわち「ある事物のうちにあるFさ」（Bが表す事物）のひとつである。これには（D2）が成立するので、（D3）もまた成立する。それに対して、（P5）で問題になるのは「それ自体で存在するFさ」であり、これは事物のうちには存在しないので（D2）を使用できないが、それでもxとFさとの間には何らかの関係があるので（あるいは円Cが表す事物は円Aが表す事物に含まれるので）、（D3）が用いられるのである。このように考えれば（P5）と『カルミデス』の問題となる箇所が整合的に理解できるだけでなく、「もつ」と「分有する」とを交換可能なものとして使うテクニカルでない用語法――これは当然ながら「それ自体で存在するFさ」には関わらない――との整合性も確保できる。なお、もしこの提案が正しければ、（D3）の記述方式が使われるからといって、必ずしも諸事物と「それ自体で存在する*F*さ」との関係が問題になるとは限らないことに注意すべきである。(51) しかしともかく、(D3) が (D2) を含意しない以上、我々は (D2) と (D3) が異なる記述方式であると考えなければならないのである。

四・三　新しい解釈での形相原因説提示箇所の読み方

以上で、私が従来のイデア解釈を棄却した上で提案する新しい解釈、つまり［1*］形相仮説はプラトンの言葉に近い形で「*F*さそのものがそれ自体で存在する」と定式化されるべきこと、そして［2*］(D1)「*x*は*F*である」と (D2)「*x*は*F*さをもつ」と (D3)「*x*は*F*さを分有する」はすべて異なる記述方式だと見做すべきことの理由を説明できたと思う。この節の最後に、この解釈に立って形相原因説が提示される箇所を改めて辿り直してみたい。

ソクラテスは形相原因説を提示するにあたり、まず (P1)［形相仮説1］として「*F*さがそれ自体で存在する」ことをケベスに同意させる。これは、たんに「*F*さが存在する」というよりも強い主張であり、それを含意する主張である。四・一節の最後で提案したように、ソクラテスが冒頭で形相仮説1を提示するのは、「それ自体で存在する*F*さ」は「或る事物のうちに存在する*F*さ」よりも原因としての説明能力が高いので、まず「それ自体で存在する*F*さ」に注目を集めるためだと思われる。

ソクラテスは次に、美しさを例として、(P2)［原因仮説1］「美しさを除いて或るものが美しいならば、それはあの美しさを分有することを原因とする」をケベスに同意させる。この箇所の「あの美しさ」(ἐκείνου τοῦ καλοῦ, 100c5-6) は (P1) で同意された「それ自体で存在する美しさ」を指示するとも、(P1) の主語が指示する「美しさ」を指示するとも理解できるように見える。しかし少し後の100d5-6でソクラテスは「あの美しさを分有すること」を「あの美しさの現在あるいは共有関係」(ἡ ἐκείνου τοῦ καλοῦ εἴτε παρουσία εἴτε κοινωνία) と言い換えてもよいと断っており、「あの美しさ」の指示対象はどちらの場合も同じでなくてはならないので、(P2)の「あの美しさ」は(P1)の主語が指示する「美しさ」を指示すると考えなくてはならない。もしそれが「それ自体で存在する美しさ」を指示すると考えるなら、それ自体で存在する美しさが或る事物のうちに存在することになり、矛盾してしまうからである。また(P2)の「分有する」は、Fさがそれ自体で存在する場合にも、或る事物のうちに存在する場合にも使える、関係のあり方の詳細に立ち入らない記述方式だった。だから「原因仮説1」は、「それ自体で存在するFさそのもの」を原因として特定する仮説ではなく、「Fさ」を原因として特定する仮説なのである。

続いてソクラテスは、自然学的原因説明に従う原因説明を改めて斥けた後で、(P2)の「美しさを分有する」の代わりに「美しさが現在する」とか「美しさが共有関係をもつ」という言い方をしてもよいと断る(100d3-6)。そして(P3)「原因仮説2」として、そのような関係を表す言葉を剥ぎ取った「美しいものは美しさによって美しい」という(P2)の簡潔な言い換えを、最も安全な仮説として提示するのである(100d6-e3)。

この後、②ケベスへの直接的応答へ移行する過程にある(P4)で、パイドンが形相仮説と原因仮説の両方を言い直して再提示する。パイドンの「形相仮説2」は、(P1)「形相仮説1」とは異なり、「Fさそのもの」を「Fさの形相」(εἴδη)で置き換えて、このFさの形相が存在することだけを確認する。パイドンは、Fさの形相がそれ自体で存在することを確認しないが、それはこれ以降の議論ではもはや「それ自体で存在するFさの形相」が原因としては再登場しないからであろう。また彼が言い直して提示する「原因仮説3」は「分有する」を使うので、(P2)と(P3)と同様に、たんに「Fさの形相」を原因として特定する仮説である。だから、パイドンが再提示する形相仮説と原因仮説はどちらも一般的な記述方式、すなわち形相がそれ自体で存在するか、それとも或る事物のうちに存在するかに関係なく成立する記述方式になっている。

そして最後に、②ケベスへの直接的応答において形相原因説が適用されるが、ここではとくに（P3）の直前でソクラテス自身が許容した「或るものに現在する美しさ」あるいは「或るものと共有関係にある美しさ」を原因として特定する記述方式が適用される。それが「シミアスがもつ大きさ」あるいは「シミアスのうちにある大きさ」を原因とする説明である。これらは事物のうちに現れるが、「Fさ」あるいは「Fさの形相」であることには変わりがなく、実際にソクラテスはこれを何度か「形相」（εἶδος, ἰδέα）と呼んでいる。

新しい解釈にもとづくならば、形相原因説が提示される箇所は以上のように理解できるだろう。

五　形相原因説の有意義性

第三節と第四節の議論によって、形相原因説をめぐる第一の主要問題、すなわち形相の存在論的身分をどのように理解すべきかという問題については解決を見ることができたと思われる。本節では、第二の主要問題、すなわち形相原因説はどのようにして有意味な原因説明となりうるのかという問題に取り組むことにしたい。

まずはこれに関して何が問題になっているのかを詳しく確認しておこう。槍玉に挙げられているのは原因仮説である。前節の議論を踏まえてこれを次のように定式化しておこう。

【原因仮説】もしxがFであるならば、xはFさ（＝Fさの形相）を分有すること、それだけを原因としてFである。（Fさを除く任意の事物をxとする。）

原因仮説は（a）「xがFである」を（b）「xがFさを分有する」によって説明する。ソクラテス自身はこのような説明を「最も安全」（ἀσφαλέστατον 100d8）な仮説とか「無学」（ἀμαθῆ 105c1）な答えだと述べているが、多くの学者たちは、これを個別的な事例に適用する場合を念頭において、このような仮説はむしろ「情報皆無」(uninformative) あるいは「同語反復的」(tautological) であると言って、その有意義性を疑問視するのである。そのときに根拠として提示されるのは、次の二つの論点である。

第一に、(b) はたんに (a) の表現を少し変形させただけであり、「xがFである」と記述されるあらゆる事態について「xがFさを分有する」が原因であると、機械的に同じ仕方で導出できることだ。[52] 学者たちは、この機械的な手続きによっては、我々が或る事態の原因の理解に近づけるとは考えないのである。実際、この手続きは我々が意味をよく知らない場合にも適用できる。例えば、我々が「いじましい」という言葉の意味をはっきりと知らない場合でも、「或る人がいじましい」とき、少し言葉を変形させて、その原因は「いじましさ」(あるいはイデア解釈によると「いじましさのイデア」) を分有することだと言えるように思われる。もちろん多少の変化は介在するので、一部の学者のように、[53] 原因仮説は「xはFだから、xはFなのだ」というのと変わらないと主張するのは間違いであるが、[54] (a) と (b) の表現上の差異は、そのような不満を言いたくなるほどわずかであるということは認められるであろう。

第二に、或る学者は、原因仮説はこの世界内の或る事態の正しい記述を見つけ出すことには役立たないと指摘している。[55] 原因仮説は条件文の形式になっているので、(a)「xがFである」とすでに知っている、あるいはそう記述しているときにのみ、その原因が (b)「xがFさを分有する」ことだと言うことができる。しかしそもそもxがFなのかGなのかが不明であるときに、原因仮説を持ちだしても、我々はxに関してまったく理解を深めることはできないように見える。例えば、「キュロスが勇敢である」とすでに記述しているときに、我々はその原因を「キュロスが勇敢さを分有すること」だと言うことができるが、この原因説明は、それだけでは、キュロスが本当に勇敢かどうかを知るためには何の役にも立たない。したがって、原因仮説はxに関してすでに知られている以上

の情報を何一つもたらさないように見える。(56)

形相原因説の有意義性は多くの学者たちに疑われているが、そのときに問題として提示されているのはこれら二つの論点である。そこで、私はこの二つの論点に順番に応答することにしたい。(57)

ひとつ目の論点に対しては、まずプラトンは単純にすべての名詞がFさの形相に対応すると見做すわけではないことを確認しておかねばならない。(58)『ポリティコス』262c10-263a1では、或る全体を諸部分に分割するときに、その部分が形相をもつ場合も、形相をもたない場合もあることが論じられる。例えば、人間全体をギリシア人と異民族に分割することは形相に即した分割ではない。なぜなら異民族というものは互いに混淆も調和もしない雑多なものを含んでおり、異民族性の形相は存在しないからだ。ここから、「ペルシア人は異民族である」は「ペルシア人は異民族性を分有する」を原因として説明できないことが分かる。形相原因説では、まず形相仮説でFさの存在を確保した後で、原因仮説が提示されている。だからこれは、言葉の意味がよく分からないケースにも無制限に適用できるわけではなく、Fさの形相が存在すると確認できる場合にのみ適用できるのである。

しかしもっと重要なことがある。つまり、形相が存在するとプラトンが認める場合にかぎっても、「xがFである」と記述されるあらゆる事態について、一様に「xがFさを分有する」が原因だと見做すことは、当たり前なことではなく、むしろ哲学的に重要な決断を含むことなのである。このときに第一に思い起こすべきなのは、『メノン』71e1-73c5の議論である。そこでソクラテスの対話相手メノンは、「xがFである」と記述される事態には「xがFさの形相をもつ」(cf. 72c7-8 ἕν γέ τι εἶδος ταὐτὸν ἅπασαι ἔχουσιν) ことが成立するものも、成立しないものもあるという立場に立つ。つまり彼は、一方で、男であっても女であっても他の誰であっても、或る人が「健康である」とか「大きい」とか「強い」と記述される場合には、その人はそれぞれ「健康の形相」「大きさの形相」「強さの形相」という同一の形相をもつことを認める。しかし彼は、他方で、「或る人が有徳である」という場合には、男であるか女であるか老人であるか子供であるかなどに応じて別々の仕方で有徳になるのであり、あらゆる人が同一の徳の形相をもつとは思えないと主張するのである。同じように、『国家』第5巻における哲学者を見聞愛好家から区別する議論の冒頭部分で、見聞愛好家は美しい音や色や形、そしてそれらを要素とする美しい製作物を歓迎するが、美しさの形相を認識できずまた歓迎することもないと言われる(476b4–8)。つまり、ここで見聞愛好家は、すべての美しいものを美しくする同一の原因が存在することを認めないのである。実際、このような立場は十分に理解できるものであろう。例えば或る人は次のように言うかもしれない。つまり、我々は万年筆を美しいといい、人を美しいといい、競技上のプレーを美しいといい、数式を美しいというが、そのとき我々はたんにこれらの事態を類比的に捉えて同じ言葉で表現するだけであり、この万年筆とオイラーの公式が同じ仕方で美しいと考えるわけではないのだ、と。それに対して、プラトン(のソクラテス)は形相原因説を探究の出発点とするので、あらゆる美しいものに関して、それが美しいならば、同一の原因、すなわち美しさの形相を分有することを原因として美しいのだと想定するのである。この対立において哲学的立場に関する重要な違いが浮き彫りになる。だから、「xがFである」と記述される事態が成立しているときに、その原因をFさの形相に求めることは、言葉を少し変形させるだけの瑣末事ではなく、哲学的立場への関与を含む重大な想定なのである。

そして二つ目の論点、すなわち「xがFである」という記述が正しいかどうかを見出すためには役立たないという批判に対しては、次のように応答できる。つまり、プラトンは「xがFである」かどうかを知るためにはFさの定義が必要であると考えるのであり、形相原因説は定義の対象となるFさの形相を措定することによって、この定義を探究することを可能にするのである、と。かつてBensonによって説得的に論証されたように、プラトン(のソクラテス)は、次のような定義優先の原則に関与している。(59)

（PD）もし或る人がFさの定義を知らないなら、その人はどんなxについても、xがFであると知ることはできない。（ここでxはFであると判明する可能性のあるあらゆるものを代理する。）

私自身は、ソクラテスがどんなFさに関してもこの（PD）に関与するわけではなく、「大きさ」「健康」「正義」「善さ」などの、はっきりと感覚知覚される像をもたないために、定義を用いて他人に示さなければならないようなFさに関してだけ、この（PD）に関与すると考える。(60) しかしともかく、（PD）によれば、このようなものに関して「xがFである」という記述が正しいかどうかを判別するためには、まずFさの定義を獲得する必要があるのだ。そしてプラトンは、このFさの定義が、あらゆるFであるものをFにする、原因としてのFさの形相を確定的に記述しなければならないと考える。だから、形相原因説はこのFさの形相を措定することによって、Fさの定義探究の出発点を形成することになるのである。確かに形相原因説だけでは「キュロスが勇敢である」という記述が正しいかどうかを判定することはできない。しかし形相原因説は、あらゆる勇敢な人や行為――それが発揮される場面が戦場であれ、病気であれ、貧困であれ、快楽であれ――を勇敢にする、原因としての勇敢さの形相を措定することによって、勇敢さの定義を探究するための出発点を形成するのであり、その意味でキュロスが勇敢であるかどうかの判定に貢献するのだと言うことはできるだろう。

以上で学者たちが原因仮説を同語反復的あるいは情報皆無だと批判するときに提示する根拠を論駁することができたと思う。まず、確かに（a）「xがFである」という事態の記述とその原因説明をする（b）「xがFさを分有する」とでは表現上の相違はわずかであるけれども、（b）は、あらゆるFであるものをFにする原因としての、同一のFさの形相の存在に関与するという意味で、哲学的に重要な決断を含む。そして確かに（b）はそれだけでは

「xがFである」という記述が正しいかどうかを判定することはできないが、その判定のために必要になるFさの定義を探究するための出発点を構成するという意味で、世界内における事態の正しい記述を見つけ出すために貢献するのである。だから、原因仮説が情報皆無であるという批判は、まったく的外れであることになるだろう。

六　終わりに

これまでに論じられたことをもう一度簡単に振り返っておこう。本稿の目的は、過去の学者たちの議論によって表面化した、形相原因説に直接的に関わる二つの主要問題を解決することだった。そのひとつ目は、形相の存在論的身分の問題であり、これまでこの問題をめぐって、（P1）［形相仮説1］で措定されるイデアと②ケベスへの直接的応答で言及される「シミアスのうちにある大きさ」（シミアスがもつ大きさ）とが同じだと主張する内在解釈と、それらは異なるのだと主張する離在解釈とが、お互いに深刻な問題を提起しながら、論争し続けてきた。しかし両者は共通の枠組みのなかで論争していることが確認できるのであり、その特徴は［1］（P1）がイデアの存在を措定すると見做すこと、そして［2］プラトンが用いる三通りの記述方式、すなわち（D1）「xはFである」と（D2）「xはFさをもつ」と（D3）「xはFさを分有する」のうち二つを同化して、イデアに言及する原因説明とそれによって説明される記述方式に分けること、という二つの点にまとめられる。これに対して私はまず、［1*］（P1）をテクストの記述に近い仕方で「Fさそのものがそれ自体で存在する」と定式化し、これはFさそのものが或る事物のうちに存在することを排除しないと解釈することによって、これまで提起された深刻な諸問題が解決されることを論じた。そして私は次に、［2*］（D1）と（D2）と（D3）とがいずれも異なる記述方式だと論じた。つまり、まず（D1）は感覚知覚される事態をそのまま記述するのに対して、（D2）と（D3）は思考の対象であるFさに訴えて（D1）の原因を説明するのであるが、（D2）と（D3）の間にも相違があり、（D2）はxと「或る事物におけるF

なく）xとFさとの関係を表すのである。

二つ目の問題は、原因仮説にはどのような意義があるのかという問題だった。従来学者たちは、（a）「xがFである」という事態を（b）「xがFさを分有する」が説明するとするならば、「Fである」という表現を少し変形するだけであらゆる事態を説明できることになること、そして原因仮説は（a）が正しいかどうかの判定に貢献しないこと、これら二点を指摘しつつ、原因仮説が情報皆無であると批判してきた。これに対して私は、形相原因説はあらゆる事態に無条件で適用できるものではなく、むしろあらゆるFであるものをFにする、Fさの形相の存在に関与するかぎりで適用できること、そしてそれはまたFさの定義の探究の出発点を形成するという意味で（a）が正しいかどうかの判定に貢献することを論じた。

最後に、私の提案は、従来のイデア解釈（とくに離在解釈）にはない、もうひとつの要素——私には重大な利点だと思われる要素——をもつことを指摘して締めくくりとしたい。それはプラトンの作品内世界の整合性に関わることである。従来、学者たちはしばしば次のように想定してきた。[61] つまり、「イデア」(Forms) の存在を措定する(P1)を土台とするプラトンのイデア論は『パイドン』ではじめて表明されたものであり、『ラケス』や『エウテュプロン』などの初期の定義探究型対話篇では、定義対象としての「形相」(forms) に言及はされるものの、イデア論はまだ発案されておらず、その形而上学理論はまだ萌芽的状態に留まっているのだ、と。そこで彼らは文体統計学的にはいずれも初期に属する定義探究型対話篇と『パイドン』との間にくさびを打ち込み、『パイドン』を中期対話篇（イデア論的対話篇）というグループに組み入れるのである。しかしそうすると、なぜプラトンは、イデア論の発案をソクラテスの若い頃の経験談のなかで提示したのかが疑問として浮上するように思われる。定義探究型対話篇に登場するソクラテスは壮年期から刑死直前までであり、もしプラトンが多少なりとも作品世界内の整合性を気にかけたのであれば、ソクラテスがイデア論を発案した時期をもっと遅らせてもよかったはずである。

もちろん、そもそもプラトンが作品内世界の整合性を気にかけていたのかは不明であり、私もこのことがそれだけで或る解釈を擁護するための根拠になるとは思わないが、これまでの議論で擁護された解釈が、さらに作品内世界の整合性を確保するというのは、その解釈がもつ重要な利点であると思われるのである。それは次のような描像である。『パイドン』の経験談で語られるように、ソクラテスはごく若い頃に自然学に熱中するが、すぐにそれを放棄して形相原因説を発案した。『パルメニデス』では、まだ思春期の頃と思われるソクラテスが、十分に練り上げられていないその説をパルメニデスに披露するが、多くの批判にさらされてしまう。私の解釈では、この形相原因説はそれが最初に発案された段階で、Fさがそれ自体で存在する場合も、或る事物のうちに存在する場合も視野に入れるものだった。実際、哲学者は、探究のはじめの段階ではFさを或る事物のうちに存在するかぎりで考察し、そして最終的にFさをそれ自体で把握しようとするのである。定義探究型対話篇では、多くの事物や行為や状況において同一の「勇敢さ」や「敬虔さ」や「正義」を定義することが主題となるが、ここでは或る事物のうちに存在するかぎりでのFさが問題になっている。それに対して、『パイドン』や『国家』では哲学的議論に慣れ親しんだ対話相手に対して、『饗宴』や『パイドロス』では一人語りのスピーチのなかで、ソクラテスはFさをそれ自体で把握するための哲学的探究の全過程を描写するのである。だから、私の解釈では、ソクラテスの若い頃の体験談のなかで形相原因説が提示されるとしてもまったく問題は生じない。この意味で、本稿で提示した形相原因説の解釈は、プラトンが作品内世界を構築する仕方への理解やプラトンの作品全体の読み方に関しても、これまでのものとは異なる、新しいアプローチを指し示すのである。

文献表(62)

Ademollo, Francesco. 2011. *The Cratylus of Plato: A Commentary*. Cambridge: Cambridge University Press.

———. 2013. "Plato's Conception of the Forms: Some Remarks." In *Universals in Ancient Philosophy*, edited by Riccardo Chiaradonna and Gabriele Galluzzo, 41–85. Pisa: Edizioni della Normale.

Benson, Hugh H. 1990. "The Priority of Definition and the Socratic Elenchus." *Oxford Studies in Ancient Philosophy* 8: 19–65.

———. 1992 [1990]. "Misunderstanding the 'What-is-*F*-ness?' Question." In *Essays on the Philosophy of Socrates*, edited by Hugh H. Benson, 123–136. Oxford: Oxford University Press.

———. 2000. *Socratic Wisdom*. Oxford: Oxford University Press.

Bluck, R. S. (tr.) 1955. *Plato's Phaedo*. Indianapolis and NewYork: The Bobbs-Merrill Company, Inc.

Bostock, David. 1986. *Plato's Phaedo*. Oxford: Oxford University Press.

Burge, Evan L. 1971. "The Ideas as *Aitiai* in the *Phaedo*." *Phronesis* 16: 1–13.

Burnet, John. 1911. *Plato's Phaedo*. Oxford: Clarendon Press.

Cornford, F. M. 1939. *Plato and Parmenides*. London: Routledge and Kegan Paul Ltd.

Crombie, I. M. 1963. *An Examination of Plato's Doctrines*, vol. 2. London: Routledge & Kegan Paul.

Dancy, R. M. 1991. *Two Studies in the Early Academy*. Albany: State University of New York Press.

———. 2004. *Plato's Introduction of Forms*. Cambridge: Cambridge University Press.

Demos, Raphael. 1948. "Note on Plato's Theory of Ideas." *Philosophy and Phenomenological Research* 8: 456–460.

Denyer, Nicholas. 2007. "The *Phaedo*'s Final Argument." In *Maieusis: Essays on Ancient Philosophy in Honour of Myles Burnyeat*, edited by Dominic Scott, 87–96. Oxford: Oxford University Press.

———. 2008. *Plato: Protagoras* (Cambridge Greek and Latin Classics). Cambridge: Cambridge University Press.

Devereux, Daniel T. 1999 [1994]. "Separation and Immanence in Plato's Theory of Forms." In *Plato 1: Metaphysics and Epistemology*, edited by Gail Fine, 192–214. Oxford: Oxford University Press.

Dixsaut, Monique. (tr.) 1991. *Platon: Phédon*. Paris: GF Flammarion.

Ebert, Theodor. 2004. *Phaidon: Übersetzung und Kommentar*, Platon Werke 1.4. Göttingen: Vandenhoeck & Ruprecht.

van Eck, Job. 1994. "Σκοπεῖν ἐν λόγοις: on *Phaedo* 99d-103c." *Ancient Philosophy* 14: 21-40.

———. 1996. "Resailing Socrates' Δεύτερος Πλοῦς: a Criticism of Rowe's 'Explanation in *Phaedo* 99c6-102a8'." *Oxford Studies in Ancient Philosophy* 14: 211-26.

Emlyn-Jones, Chris and William Preddy. (tr.) 2017. *Plato: Euthyprho, Apology, Crito, Phaedo* (Loeb Classical Library). Cambridge, Massachusetts: Harvard University Press.

Fine, Gail. 2003 [1986]. "Immanence." In *Plato on Knowledge and Forms*, 301-325. Oxford: Oxford University Press.

Fowler, Harold North. (tr.) 1914. *Plato: Euthyprho, Apology, Crito, Phaedo, Phaedrus* (Loeb Classical Library). Cambridge, Massachusetts: Harvard University Press.

Fujisawa, Norio. 1974. "Ἔχειν, Μετέχειν, and Idioms of 'Paradeigmatism' in Plato's Theory of Forms." *Phronesis* 19: 30-58.（邦訳：2000 [1974].「プラトンのイデア論における「もつ」「分有する」および「原範型—似像」の用語について—その世界解釈における思惟の骨格」『藤澤令夫著作集Ⅱ』107-161. 東京：岩波書店）

Gallop, David. 1975. *Plato: Phaedo*. Oxford: Clarendon Press.

Hackforth, R. 1972. *Plato's Phaedo*. Cambridge: Cambridge University Press.

Loriaux, Robert. 1969-1975. *Le Phédon de Platon*. 2 vols. Bibliotheque de la Faculte de Philosophie et Lettres de Namur 45. Namur: Secretariat des Publications, Facultés Universitaires.

Kanayama, Yahei. 2000. "The Methodology of the Second Voyage and the Proof of the Soul's Indestructibility in Plato's *Phaedo*." *Oxford Studies in Ancient Philosophy* 18: 41-100.

Keyt, David. 1963. "The Fallacies in *Phaedo* 102a-107b." *Phronesis* 8: 167-172.

Kühner, Raphael, and Bernhard Gerth. 1898. *Ausführliche Grammatik der Griechischen Sprache*, Zweiter Teil: Satzlehre, Erseter Band. Hannover: Verlag Hahnsche Buchhandlung.

O'Brien, David. 1967. "The Last Argument in Plato's *Phaedo* I." *Classical Quarterly* 17: 198–231.
———. 1968. "The Last Argument in Plato's *Phaedo* II." *Classical Quarterly* 18: 95–106.
Rowe, C. J. 1993. *Plato: Phaedo* (Cambridge Greek and Latin Classics). Cambridge: Cambridge University Press.
———. 1993. "Explanation in *Phaedo* 99c6–102a8." *Oxford Studies in Ancient Philosophy* 11: 49–69.
———. 1996. "A Reply to van Eck." *Oxford Studies in Ancient Philosophy* 14: 227–240.
———. (tr.) 2010. *Plato: The Last Days of Socrates*. London: Penguin Books.
Scott, Dominic. 1995. *Recollection and Experience*. Cambridge: Cambridge University Press.
Sedley, David. 2018. "The *Phaedo*'s Final Proof of Immortality." In *Plato's Phaedo: Selected Papers from the Eleventh Symposium Platonicum*, edited by Gabriele Cornelli, Thomas M. Robinson, and Francisco Bravo, 210–220. Baden-Baden: Academia Verlag.
Sedley, David and Alex Long. (tr.) 2011. *Plato: Meno and Phaedo*. Cambridge: Cambridge University Press.
Silverman, Alan. 2002. *The Dialectic of Essence: A Study of Plato's Metaphysics*. Princeton and Oxford: Princeton University Press.
Stough, Charlotte L. 1976. "Forms and Explanation in the *Phaedo*." *Phronesis* 21: 1–30.
Turnbull, Robert G. 1958. "Aristotle's Debt to the 'Natural Philosophy' of the *Phaedo*." *Philosophical Quarterly* 8: 131–143.
Vlastos, Gregory. 1995 [1954]. "The Third Man Argument in the *Parmenides*." In *Studies in Greek Philosophy, Volume II: Socrates, Plato and Their Tradition*, 166–190. Princeton: Princeton University Press.
———. 1981 [1969]. "Reasons and Causes in the *Phaedo*." In *Platonic Studies*, 2nd. ed., 76–110. Princeton: Princeton University Press.
岩田靖夫.（訳）1998.『パイドン—魂の不死について』（岩波文庫）東京：岩波書店.
納富信留.（訳）2019.『パイドン—魂について』（光文社古典新訳文庫）東京：光文社.
朴　一功.（訳）2007.『プラトン：饗宴／パイドン』（西洋古典叢書）京都：京都大学学術出版会.
早瀬　篤. 2017.「ソクラテスは諸事例にもとづいて定義を獲得すべきだと考えるか？」『哲學研究』601: 56–109.
———. 2018.「Εἶδος と ἰδέα の内在・離在について」『ギリシャ哲学セミナー』15: 29–43.
———. 2019.「発展主義と新統一主義—プラトン研究の最近の動向から」『古代哲学研究』51: 18–40.

――. 2021.「三本の指の例が示すこと（『国家』522e5-524d5）」『古代哲学研究』53: 1-30.

藤澤令夫．2000 [1987].「Aitia-Causa-Cause―「因果律」とは基本的に何だったのか」『藤澤令夫著作集Ⅲ』425-429．東京：岩波書店．

――. 2000 [1996].「『パイドン』における自然哲学への出発とイデア原因論――反プラトン的解釈の徹底追究を兼ねて――」『藤澤令夫著作集Ⅲ』351-386．東京：岩波書店．

――. 1998.『プラトンの哲学』（岩波新書）東京：岩波書店．

松永雄二．（訳）1975.「パイドン」田中美知太郎・藤澤令夫（編）『プラトン全集1』所収．東京：岩波書店．

注

＊本論文は、二〇二一年十一月三日に開かれた京都哲学会講演会で発表した原稿を大幅に書き直したものです。講演会で特定質問者を引き受けてくださり、詳細なコメントをくださった金山弥平先生、また最終段階の原稿にコメントをくださった栗原裕次先生に感謝いたします。本研究はJSPS科研費20K00098の助成を受けたものです。

（1） Cf. 藤澤（1998, 86）：「本書では、広く一般に使われている「イデア（論）」という言い方を統一的に用いるが、この呼称が定着した恰好になっているのはアリストテレスによるもので、プラトン自身に由来するものではない。」

（2） Cf. *Metaph*. A6. 987a29-b9; M 4. 1078b7-32, M 9. 1086a29-b13.

（3） なお、この名称の終わりを「論」ではなく「説」としているのは、それが体系的な理論として提示されず、むしろ仮説として提示されるからである。また本稿では「仮設」ではなく「仮説」の字を用いるが、これは形相原因説やその他の仮説として提示される説の「説」と対応させるためである。しかしこれらの点は、そのほうが分かりやすくなると個人的に判断しただけであり、こだわるつもりはないことを断っておく。

（4） この段落で「死」は二通りの意味で使われているが、それは、O'Brien（1968, 96-100）が論じるように、ケベスの反論のなかで、議論の焦点となる「死」の意味に変更が加えられるからである。この対話篇では最初「死」は（a）「魂が身体から解放されること」として定義される（64c4-5）。ソクラテスが論証しようとする命題（死後に魂は善き神々のもとに赴く）における「死」はこの意味で使われている。それに対しケベスは、反論を提示するにあたって、注意深く（a）の定義に従いながら話を進めるものの、最後に「魂が不死・不滅である」と論証するように要求するところで、暗に問題となる「死」を（b）「消滅」として再定義するのである（88b4-6）。このケベスの暗黙の再定義は、少し後でソクラテスによって明示的に示される（91d6-7）。なお、この解釈に対してはGallop（1975, 155-156）が批判を提示している。Gallopは、ケベスの反論より後でソクラテスが「魂は最後にいわゆる死において消滅する」（95d4）と述べるが、これは、O'Brienの解釈に従うと、「新しく定義された死（消滅）が一般的な意味での死において完成する」という意味になり、混乱した言い方になってしまうと指摘する。しかし「いわゆる死において」という言い方はここでもう一度「死」を（a）の意味で使うことを合図していると考えられるので、Gallopが引用する箇所はたんに「魂は最後に身体から解放されるときには消滅する」という意味になるだけで、とくに問題はないはずである。なお、議論の焦点となる「死」の定義が変更されたからといって、（a）の意味での「死」（魂が身体から解放されること）が議論から完全に排除されるわけではない（cf. Rowe 1993, 217）。

（5）　私は、プラトンがこの文脈で使用するαἰτίαとαἴτιον、およびそれらを示す関連表現（例えば根拠・原因を示す用法の与格形名詞あるいは分詞、そして前置詞διάや接続詞ὅτι, διότιを使う表現）はすべて広い意味での「原因」を意味すると考える。必要に応じてὅτι-節やδιότι-節を「…を原因とする」のように訳出する。近代以降の"cause"の言葉の用法を考慮して、プラトンがここでcauseを問題にしているというのはおかしいと論じる学者もいるが、藤澤（2000 [1987]）は近代以降の用語法に優先権を与えてプラトンを解釈する必要はないと指摘しており、私もそれに従う。

（6）　「何を原因として（*F*で）あるのか」（διὰ τί ἔστι）はこの箇所では言及されないが、96a8-9で付け加えられて、それ以降生成消滅の原因と同じように扱われる（cf. 97b4-5, c7）。

（7）　テクストでは「君［=ケベス］が［経験談から関連要素を］説得のために利用するだろう」（96a2-3）と書かれており、ソクラテスが利用すると書かれてはいない。しかしソクラテスがこのような言い方をするのは、彼が問答によって成立する議論は答え手のものになると見做すからである。

（8）　自然学的原因説明は、事物の変化の原因をその構成要素や構成要素に加えられる操作に求めるもので、学者たちはしばしば機械論的原因説明と呼ぶ（cf. e.g. Vlastos 1981 [1969], 82: "mechanical causes"）。ソクラテスはこの説明が、原因が原因として機能するために必要な条件の説明にすぎず、そもそも原因説明ではないと考える。他方で知性にもとづく原因説明は目的論的原因説明である。ソクラテスはこの説明を理想とするが、自分で発見することも人から学ぶこともできなかったので、この説明を用いることを諦めたと述べる。

(9) Gallop (1975, 178–181) と Rowe (1993) に従って、以下に「形相仮説」と「原因仮説」として挙げる命題は「二つで組をなす仮説」であると考える。van Eck (1994), van Eck (1996) がこの解釈に反対しているが、それには従わない。van Eck の批判に対しては Rowe (1996) が説得的に応答している。

(10) 文法的には εἶναί τι καλόν は、(i) τι を καλόν に掛けて「何らかの美しさが存在する」と訳すことも、(ii) τι を述語にして「美しさが何らかのものである」と訳すこともできる。しかし van Eck (1994, 222 n.3) が指摘するように、この表現はすぐ後で引用される (P4) の εἶναί τι ἕκαστον τῶν εἰδῶν (102b1) とパラレルなので、どちらも同じ仕方で読むのが自然だが、(P4) の表現は文法的に τι を述語として読まなければならない。だから、ここでは (ii) の読み方が正しいと思われる。Ademollo (2011, 457 n.9) は、この箇所では名詞化された形容詞に冠詞がつけられていないこと、また *Phd.* 65d7, 76d7–9 では τι を καλόν や ἀγαθόν に掛けて読まなければならないことを指摘して (i) の読み方が正しいとしている。しかし Ademollo が引用する *Phd.* 65d7, 76d7–9 は形容詞が抽象名詞化されていることをはっきりと示すための αὐτό が添えられていないので、τι はその代わりの役目を果たしていると見ることもできる。だから、Ademollo の指摘はここで (i) の読み方をとるための十分な根拠にはならないだろう。

(11) これに対して「…は美しい」「…は善い」などを一般的に「…は *F* である」とする。「*F* さ」は英語の *F*-ness に相当する表現であり、形容詞の述語的用法ではなく、抽象名詞 (化された形容詞) であることを明確化するための工夫である。「*F* さとは何であるか?」という問いに関して、抽象名詞の *F*-ness と形容詞の述語的用法の *F* とをこのように区別すべきであることについては、Benson (1992 [1990], 134 n.2) を参照。なお、Vlastos (1995 [1954], 183 n.39) も *F*-ness と *F* との区別をするが、Vlastos の場合は彼自身の解釈上の立場にもとづく区別であり、*F* は「大きいものの大きさ」や「我々のもつ等しさ」を含むとしているので、私や Benson の区別とは違うことに注意して欲しい。

(12) 100d6 の、複数の系統の写本が一致して προσγενομένη と読むものの、文法的観点から破損していると考えられている箇所に関しては、私は Wyttenbach の推測 προσαγορευομένη ではなく、Ueberweg の修正案 προσγενομένου を読む (cf. Rowe 1993, 243: "on balance the most likely reading")。どちらの読み方でも私の議論に本質的な影響はないと思う。

(13) 100d8 の γίγνεται を読むかどうか写本の読みが分かれているが、私は読むほうが自然だと思う。読まなくても私の議論には影響はない。

(14) この箇所は、直接的には（A）の事態ではなく、それに対応する「ソクラテスがシミアスよりも小さい」という事態が成立する原因を記す箇所であるが、同時にὅτι-節が原因記述のバリエーションとなることを示す箇所でもある。

(15) 対話篇の途中で「死」の意味に変更が加えられたことについては注4を参照。学者のなかには、（i）105b5-e10で「魂の不死」が、（ii）105e11-107a1で「魂の不滅」がそれぞれ論証されると解釈した上で、（ii）の議論が破綻していると見做す者もいる（cf. e.g. Keyt 1963）。私は、（ii）で「不死」は「不滅」を意味することが確認されると同時に、魂には撤退という選択肢しか残されないことが明確化されるだけであり、とくに新しい論証がなされるわけではないと考える。この問題についての他の提案はKanayama (2000, 80-87) やSedley (2018) を参照（私の提案はSedleyの解釈に近い）。

(16) 離在解釈を支持するのは例えば次の学者たちである。Cornford (1939, 74-80), Hackforth (1955, 194 n.4; 150 n.1), Bluck (1955, 117-119), Vlastos (1981 [1969], 83-86), Fujisawa (1974) = 藤澤 (2000 [1974]), Devereux (1999 [1994]), Ebert (2004, 371-420), Sedley (2018, 213). なお、この解釈で想定される「離在」は、アリストテレスがプラトンに帰していると見做されるもので、「諸事物（あるいは我々の世界）のうちに存在するのではなく、それ自体で存在すること」というくらいの意味である (cf. Devereux 1999 [1994], 204-209)。アリストテレスの報告にある離在概念をこのように理解することには問題があるが、ここではたんに解釈上の立場を表す名称として使用し、離在概念の問題には立ち入らない。

(17) Cf. Cornford (1939, 74-80), Demos (1948), Vlastos (1981 [1969], 83-86), 藤澤 (2000 [1974], 144:「知覚的性状（F）」), 藤澤 (1998, 115), Devereux (1999 [1994], 200). 離在解釈をとる学者の全員が、内在性格は感覚知覚されうると明確に主張するわけではない。しかしこの立場が主流派であることは動かないだろう。私の知るかぎり、内在性格を措定しつつ、それが感覚知覚されないという立場を議論を展開して擁護する学者はこれまで誰もいない。

(18) 内在解釈を支持するのは例えば次の学者たちである。O'Brien (1967), O'Brien (1968), Stough (1976), Bostock (1986, 182-183), Dancy (1991, 9-23), Fine (2003 [1986]), Dancy (2004, 291-313), Ademollo (2013).

(19) 次節において、私自身はイデア解釈ではなく別の解釈をとり、そのことよってこれらの反論は成立しなくなると論じる。だから、私自身の立場からこれらの反論が提示されているわけではないことに注意して欲しい。

（20） 念のために記すが、『饗宴』でプラトンはこれを「本性において驚嘆すべき或る美しさ」(τι θαυμαστὸν τὴν φύσιν καλόν 210e4-5) や「あの美しさ」(211c2) や「神的な美しさそのもの」(αὐτὸ τὸ θεῖον καλόν) と呼ぶだけであり、「イデア」(εἶδος, ἰδέα) という呼び方は一切しない。

（21） 内在解釈をとるAdemollo (2013, 79-80) は、（P5）では「…のうちに」が文字通りの時間・空間的な意味としてのみ使われており、「シミアスのうちにある大きさ」のような場合を含まないと主張する。しかしこれは到底無理な主張であろう。

（22） 内在する*F*さが撤退・消滅すると言われることは早くから内在解釈の弱点だと意識されてきたが (cf. O'Brien 1967, 203)、とくにDevereux (1999 [1994], 194-197) がこの問題を分かりやすく説明している。

（23） これらの言葉は一般に「内在する」(ἐνεῖναι) と交換可能であると考えられている。実際に*Chrm.* 158e6-159a4では、定義対象の「節度」について「現在する」(παρεῖναι) と「内在する」(ἐνεῖναι) とが交換可能な表現として使われている。この他に*Grg.* 506c9-e4を参照。

（24） Fine (2003 [1986], 308 n.16) が*Rep.* 476a4-7を引用して内在解釈を擁護している。Fujisawa (1974, 44-45) = 藤澤 (2000 [1974], 131-132) は、*Phd.* 100d4-7は例外的表現であるとして「プラトン自身の態度表明として受け取ることに警戒しなければならない」(2000 [1974], 132) と述べているが、（P6）にはまったく言及していない。Fineの議論に応答しているDevereux (1999 [1994]) も（P6）には言及しない。

（25） この線での反論を提示するのはDancy (1991, 16), Dancy (2004, 309) である。

（26） Cf. e.g. O'Brien (1967, 202-203).

（27） 例えば、Ebert (2004, 371-420) やSedley (2018) は離在解釈をとりながら、Denyer (2007) は内在解釈をとりながら、②ケベスへの応答を議論するが、これらの問題には立ち入っていない。

（28） ここで次のように反論する人がいるかもしれない。つまり、「そのもの」を削除するなんてとんでもない、なぜならプラトンは「そのもの」(αὐτό) を付加することで超越的イデアかどうかを区別しているのだから、と。しかし、すでにVlastos (1981 [1969], 84 n.26) が指摘しているように、現在の文脈において「そのもの」は超越性を表す印ではありえない。なぜなら、確かに*Phd.* 102d6-9では「大きさそのもの」(αὐτὸ τὸ μέγεθος) と「我々のうちにある大きさ」(τὸ ἐν ἡμῖν μέγεθος) とが対比されているように見えるが、*Phd.* 103b4-5では「相反するものそのもの」(αὐτὸ τὸ ἐναντίον) ——すなわち*F*さそのものとその反対の*G*さそのもの——には「我々のうちにあるもの」(τὸ ἐν ἡμῖν) と「自然本性においてあるもの」(τὸ ἐν τῇ φύσει) とがあると言われるからだ。また従来の解釈でイデアが問題になると考えられてきた箇所でも、例えばδίκαιον, καλόν, ἀγαθόνのように並べられた複数の形容詞の最初にだけ「そのもの」が付加されるのが通例であり (cf. e.g. *Phd.* 65d4-7, 100b5-7)、どれ一つにも付加されない場合もある (cf. e.g. *Phd.* 76d8-9; *Rep.* 476a1-6)。

(29)　すなわち*Chrm., Euthphr., Hi.Ma., La., Ly., Men., Tht.* (アルファベット順) と*Rep.* の第1巻である。

(30)　すなわち*Cra.* (cf. 421c3-427d3), *Phdr* (cf. 259e1-274b5), *Sph., Plt., Phlb.* である。

(31)　プラトンの著作全体における「それ自体で存在する*F*さ」(=*F*さの真実在) と「或る事物・行為・状況のうちに存在する*F*さ」(=*F*さの真実在の可知的像) との区別に関しては、早瀬 (2018) および早瀬 (2019, 32-36) を参照して欲しい。

(32)　実際にこれはプラトンの基本的立場である。これに関してはとくに*Rep.* 507b1-9と早瀬 (2021, 22-23) におけるその箇所についての私のコメントを参照して欲しい。もちろん議論のなかで「形相がそれ自体で存在する」と言われた後に「その形相」という言葉が使われるとき、この「形相」が「それ自体で存在する形相」だけを指す場合もある。私はどんな文脈でも「形相」は「それ自体で存在する*F*さ」を指示しないと主張しているわけではない。

(33)　もちろん「分有する」という言葉に着目して、次のように反論する人がいるかもしれない。つまり、「分有する」という言葉は個物とイデアとの関係だけを表すのであり、したがって原因仮説3は原因仮説2とは交換できず、言い直される前の原因仮説1とだけ交換可能なのだ、と。この反論に対しては四・二節における「もつ」と「分有する」の違いについての議論で応答したい。

(34)　*Thesaurus Linguae Graecae*を用いた私の調査では、プラトン著作集（偽作を除く）で単数中性形のκαθ' αὑτόが出現するのは42箇所、複数中性形や単数および複数男性形を合わせると88箇所である。そのうち認識論的・形而上学的文脈で使われていると私に思われるのは、*Smp.* 211b1; *Phd.* 66a2, 78d6, 83b1, 100b6; *Rep.* 476b9-10 (ここまではすべて単数・中性形) および*Rep.* 516b5 (比喩のなかなので単数・男性形が使われる) の7箇所だけである。ただしこれらはすべてプラトンの形而上学を理解するための最重要箇所に含まれる。

(35)　同じことは*Phd.* 82d9-83c3でおさらいされるが、その箇所は圧縮されているので独立した十分な証拠にはならない。なお、他の対話篇を含めるなら*Rep.* 476b9–10, 515d9–516b7もまたプラトンが問題となる区別をする証拠となるが、本稿では対話篇内部の証拠だけに議論を限定する。『国家』の関連箇所については早瀬（2021）で論じられている。

（36） 問題となる部分を同じように翻訳するのは例えば次のものがある。Fowler (1914, 273–275)：“Or does each absolute essence, since it is uniform and exists by itself, remain the same ... ?”; Hackforth (1955, 81–82)：“Or does each of these real beings, uniform and independent, remain unchanging and constant ... ?”; 松永 (1975, 226):「いな、それらの、おのおののまさに〈ある〉というそれ自体は、ただ一なる形相のみをもつものとして、それ自身がそれ自身においてあるとされる以上は…」；Dixsaut (1991, 240): “Ou bien, comme ce qu'est chacun de ces êtres comporte en soi et par soi une unique forme, est-ce que cela ne reste pas toujours semblablement même que soi ... ?” 岩田 (1998, 72):「いやこれらのそれぞれの『正にそれであるところのもの』は、単一の形相であり、それ自身だけで有るのだから…」；Ebert (2004, 40): “Oder ist nicht vielmehr jedes von diesen ‚was ist‘ stets von einheitlicher Gestalt für sich und verhält es sich nicht immer auf dieselbe Weise ... ?”; 納富 (2019, 105):「いやむしろ、つねに真にある実在のそれぞれは、それ自体で単一な相であり、同じ仕方で同じものに即したあり方をし…」（強調は原文）。

（37） このように理解するのはBurnet（1911, 78): “being uniform if taken alone by itself”; Bluck（1955, 75): “being of single form when taken by itself”; Loriaux (1969, 165): “si on le considère en lui-même”; Rowe (1993, 183–184): “‘being uniform in and by itself’, i.e. when considered in and by itself, apart from its counterparts in the world of the senses.” これらの解釈者たちがこのように理解する動機は、私の動機と同じく、***F***さそのものが必ずしもそれ自体で単一相的に存在するわけではないと考えることによる。なお欧米語訳ではRoweの“being uniform in and by itself”のように文字通りに訳し、解釈の余地を残したままにするものも多い。このように訳すのは、例えばGallop (1975, 27), Rowe (2010, 117), Sedley and Long (2010, 69), Emlyn-Jones and Preddy (2017, 377)である。

（38） 前注で引用した学者たちは全員（α）の訳に近い形で原文を理解する。私は（β）のほうが自然だと思うが、どちらをとるべきであっても私の解釈には影響しない。

（39） さらに、それ自体で存在する美しさは、例えば魂のうちの美しさが、身体のうちの美しさよりも尊い（cf. *Smp.* 210b6–7）などのように、諸事物のうちの美しさの相互関係が成立する原因になっていると考えられる。

（40） Cornford (1939, 74–80), Demos (1948), Fujisawa（1974, 35 n.15; 52 n.56) = 藤澤（2000 [1974], 148 n.16; 154 n.55）を参照。Vlastos

(1981 [1969]) が（D1）と（D2）を同化する根拠もおそらく同じだと思われる。彼は、個物（*x*）と性格（*F*）とイデア（Φ）とを区別するにあたり、自分はTurnbull (1958) の議論全体に恩恵を受けたが、想起説では*F*とΦとの比較ではなく、*x*とΦとの比較が問題になるというTurnbullの主張には反対だと述べている (p.83 n.19)。想起説で*F*とΦとの比較が問題になるというのは、以下に説明するCornfordの解釈と軌を一にするものである。

（41） Cornford (1939, 75) は、この他に「たんに等しいと定義される量」であるEquals (αὐτὰ τὰ ἴσα) を区別するが、私の議論では省略する。αὐτὰ τὰ ἴσα の解釈については注43を参照。なお、想起説の箇所で「等しい石や材木」と「石や材木における等しさ」とが交換可能だと考える（あるいはそのように記述する）学者は離在解釈をとる学者以外にも存在する。Cf. e.g. Rowe (1993, 167): "S[ocrates]'s question will then be 'is there such a thing as equality by itself, which is different from *the equality of one stick, or one stone, to another?*'" (強調は筆者) ; Scott (1995, 58 n.5): "This [75b6-7] implies that we do grasp the equality of the particulars from the senses and it is this sensible equality that we compare with the form."

（42） 74b8-9 τῷ μὲν ... τῷ δέ を（a）「或る人には［等しく見えるが］、別の人には…」と読むか（b）「或るものとは［等しく見えるが］、別のものとは…」と読むか、あるいは（c）τότε μὲν ... τότε δὲ という別の読み方をとって「或るときには…、別のときには…」と読むか解釈が分かれるが、ここではこの問題には立ち入らない。議論が煩雑化しないようにCornfordの解釈をそのまま使用する。

（43） このαὐτά τὰ ἴσα がなぜ複数形なのかがときおり問題として取りあげられるが、プラトンは「*F*さ」に言及するときに複数形を使うこともあるので、とくに問題視する必要はないと思う。Cf. *Grg*. 497e1-3: τοὺς ἀγαθοὺς οὐχὶ ἀγαθῶν παρουσίᾳ ἀγαθοὺς καλεῖς, ὥσπερ τοὺς καλοὺς οἷς ἂν κάλλος παρῇ; *Sph*. 225c7-9: τὸ δέ γε ἔντεχνον, καὶ περὶ δικαίων αὐτῶν καὶ ἀδίκων καὶ περὶ τῶν ἄλλων ὅλως ἀμφισβητοῦν, ἆρ' οὐκ ἐριστικὸν αὖ λέγειν εἰθίσμεθα. （後の箇所についてはKühner and Gerth 1898, 654を参照。）また（P6）として引用した『国家』476a5-8においても、それぞれの形相は多くのものとして現れると言われていた。

（44） Cf. Cornford (1939, 75), Fujisawa (1974, 35 n.15) = 藤澤 (2000 [1974], 148 n.16).

（45） なお、Cornford (1939) はこれ以外にも（ii）「諸事物における感覚知覚される等しさ」を読み込む根拠として74d4-5 (περὶ) τὰ ἐν τοῖς ξύλοις τε καὶ οἷς νυνδὴ ἐλέγομεν τοῖς ἴσοις を参照させ (p.75)、p.78でこれを τὰ ἐν τοῖς ξύλοις ἴσα（材木における等し

さ）とパラフレーズしている。このパラフレーズは Fujisawa（1974, 52 n.56）＝藤澤（2000 [1974], 154 n.55）も採用している。しかし74d4-5に ἴσα は書かれておらず、また直前で「等しさ」は言及されないので、そのようにパラフレーズするのは無理であろう。この τά は「事態」くらいの意味であり、この箇所全体では「材木や我々が今のべたところの等しいものにおける事態に関して」と理解すべきである（cf. e.g. Rowe 1993, 171）。

（46）実のところ、一部の学者が想起説に（ii）「諸事物における感覚知覚される等しさ」を読み込もうとする背景には、そう読み込まないと比較が成立しないという思考がある（cf. Crombie 1963, 274-275, Fujisawa 1974, 52 n.56＝藤澤 2000 [1974], 154 n.55, Scott 1995, 58 n.5）。つまり、（i）「等しさそのもの」と（iii）「等しい材木や石」というカテゴリーの異なるものを比較するのはナンセンスなので、確かにプラトンは（i）と（iii）を比較するかのように書いているが、たんに精確な書き方をしていないだけで、実際には（i）と（ii）を比較していると考えるのである。しかし比較は必ずしも、同一カテゴリーに属する二つ以上のものが並べられてから、それら相互の間に成立するわけではない。場合によって、或る単純な判断がそのうちにすでに比較を含んでいると見ることもできる。例えば或る考えを「合理的だ」と判断したり、或る風景を「牧歌的だ」と判断したりする場合に、その判断にはすでに「合理性」や「牧歌」との比較が含まれている。このような例と同様に、或る材木や石を「等しい」と判断する場合にはすでにそこに「等しさ」との比較が含まれると考えればよいのである。（ii）と（iii）との区別はプラトン哲学にとって非常に重要であり、「不精確な書き方をしている」と言って、テクスト的根拠も無しに同化してよいようなものではない。

（47）ここでの「ロゴス」（τοὺς λόγους 99e5）の意味はさまざまに議論されているが（cf. Kanayama 2000, 42-51）、私は「感覚知覚の領域」と対比される「思考（διάνοια, νόησις）と論理（λόγος）の領域」を指す言葉だと考える。

（48）これは van Eck（1994）が明確に指摘し、Rowe（1996, 227）が van Eck による「実質的で重要な貢献」と認めることである。

（49）例えば、*Prt.* 322a3-324d1では（徳を）「分有する」（μετέχειν 323a3, 6, c1）と（徳が）「現在している」（παραγίγνεσθαι 323c6-7）とが交換可能な表現として使われ、329e2-3では（徳の諸部分を）「分取する」（μεταλαμβάνειν 329e2）と言われた後で（徳のひとつを）「取得する」（λαμβάνειν 329e4）という言い方がなされる。

（50）Dancy（1991, 10-12; 127 n.42, n.45）を参照。Dancy は *Chrm.* の該当箇所の他に *La.* 193e3が Fujisawa（1974, 42）＝藤澤（2000 [1974], 128）の μετέχειν の一覧表から漏れていることを批判している。私の判断では、Dancy が指摘する *La.* 193e3と（Dancy の指摘

にはない）*La.* 197e2 や *Prt.* 322a3-324d1 の箇所に関しては、離在解釈はテクニカルでない用語法だ言って切り抜けることもできそうだが、*Chrm.* の箇所に関しては無理だと思うので、後者に焦点を当てる。

(51) だから、「分有」は必ず *x* と Φ との関係に使われるという藤澤（2000, 146 n. 4）の主張には賛成できない。しかし私の提案に従う場合でも、Fujisawa（1974）＝藤澤（2000）の議論の出発点であり、プラトン形而上学解釈の重要な論点である『パルメニデス』第一部の解釈、すなわちそこでパルメニデスは「もつ」と「分有する」を置き換えることによってパズルをつくりだしているという解釈は、そのまま維持できる。

(52) Cf. Bostock (1986, 149-150): "This so-called explanation apparently offers us *no* elucidation or clarification of the concept of being *P*, just because you can say exactly the same of any concept whatever." イタリックは原文。

(53) Taylor（1969, 47-48）がこのように主張し、Silverman（2002, 323 n.27）が賛同するようにTaylorの言葉を引用している。

(54) Burge（1971, 7 n.15）と藤澤（2000 [1996], 370-372）は、原因仮説は「*x* は *F* だから、*x* は *F* なのだ」と変わらないと主張するTaylor（1969, 47-48）の解釈を批判している。このとき二人は離在解釈の立場、すなわち（D1）「*x* は *F* である」と（D2）「*x* は *F* さをもつ」とを同化して、（D3*）「*x* は *F* さのイデアを分有する」から区別する立場をとるので、Taylorの批判は（D3*）と（D2）とを混同することに起因し、その混同さえなければTaylorのような批判は生じないと考える。Taylorの真意は分からないが、私にはむしろ彼はBostock（1986, 149-150）の線での批判を大袈裟に表明しただけではないかと思われる。Bostockの批判は、（D1）と（D2）と（D3）をすべて区別する場合にも、それだけでは解決できない問題である。

(55) Vlastos（1981 [1969], 94-95）がこの問題を指摘している。

(56) 藤澤（2000 [1996], 370-372）は、このVlastos（1981 [1969], 94-95）の指摘を「すでに *F* であることを知っていてはじめてΦに言及しうる」という主張だと理解して、プラトンの考える事態は逆だと批判する。つまり、想起説（73c1-77a5）で示されるように、我々が「*x* は *F* である」と判断するときに、すでにイデアΦが規範としてはたらいているのであり、したがって我々はすでにΦを潜在的に知っている、というのがプラトンの立場である、と批判するのである。しかしこの批判はVlastosの指摘に十分に応答できているようには見えない。想起説は、確かに我々が「キュロスは勇敢である」と判断するときに、勇敢さを潜在的に知っていることを示す。しかしそれと我々が「キュロスは勇敢である」と正しく判断しているかどうかは別問題である。

(57) これに対して、ここで提示されたような論点から形相原因説が情報皆無だと認めつつも、その意義を別のところに求める学者がいる。まずvan Eck (1996, 226) は、形相原因説の意義は、『パイドン』の魂の不死論証や『ソピステス』の虚偽存在証明に貢献することにあると述べている。しかしここで提示された論点にきちんと応答しなければ、なぜ形相原因説がそれらの論証に貢献するのかが見えてこないであろう。またSharma (2009, 164-166) は「情報皆無」ではなく「知的透明性」(intellectual transparency) という言葉を使いつつ、自然学的原因説明のように或る事象を別の事象に還元して説明するのではないところにその意義があると主張する。しかしこれは実質的にラベルを貼り替えただけであり、懐疑的な学者たちを説得することはできないであろう。

(58) この点はDenyer (2008, 126) が指摘している。

(59) プラトン(のソクラテス)が(PD)に関与していることは、Benson (1996) とBenson (2000, 112-141) によって説得的に論証されている。

(60) Benson (1996) とBenson (2000, 112-141) は、(PD) がどのような*F*さであろうと無制限に適用されると考える。しかし例えば誰であれアボカドの定義(系統図)を知らなければ、その人が食べているものがアボカドだと知りえないというのは不合理であろう。プラトンは「銀」や「鉄」などのはっきりとした感覚知覚像をもつものと、「大きさ」「健康」「正義」などのそれをもたないものを区別するので、私は後者にのみ(PD)が適用されると考える。この点については早瀬 (2017, 61-63) を参照して欲しい。

(61) ここで説明されるのは基本的に「発展主義解釈」と呼ばれる解釈である。発展主義解釈をめぐる近年の議論については早瀬 (2019) を参照のこと。

(62) 引用されている文献が初出でない場合は、初出の年を角括弧で補足する。

(筆者　はやせ・あつし　京都大学大学院文学研究科准教授/西洋古代哲学史)

企投する思索
――宗教哲学・西田哲学・仏教――(上)

氣多雅子

はじめに

本稿の考察の発端となり底流となるのは、「宗教哲学とは何か」という問いである。西谷啓治は「宗教とは何か」を問うた。しかし、いま「宗教とは何か」と問うことは難しい。近年、宗教という概念が批判の的になっているが、私たちを立ち止まらせるのはいわゆる概念の問題ではない。「宗教とは何か」という問いは、問う者を問いの手前へと突き返し、この問いを問うことの足場を問いにさらさずにはおかない。しかし、当然「宗教哲学とは何か」という問いは「宗教とは何か」という問いを含んでおり、二つの問いは循環する。いまは宗教哲学を問うことの方が、事態をより鮮明にすると思われる。それは一体どういうことであろうか。

一　「宗教」という語の成立

宗教哲学は、ヨーロッパ近代が新たな展開を示す段階で登場する学である。そもそもラテン語を語源とする宗教(religio)という言葉が、現在使われるような意味で一般に用いられるようになったのは近代である。(1)十五世紀頃から十七世紀頃の大航海時代に、世界各地の祭祀や儀礼、信仰についてのさまざまな資料がヨーロッパに集積されるようになり、それらの総称として宗教という語が用いられるようになる。それまでのヨーロッパの精神世界はキリスト教という同一の宗教によって支配されていたため、宗教という総称は必要なかったのである。もちろんキリスト教がローマ帝国の国教になるまでは多くの宗教が混在して競い合っていたわけであり、キリスト教が支配的な力をもつようになってからも、十字軍が示すように常に他宗教と接触し続けていた。世界中の集団的な儀礼や教義に類する事象を総括して捉える視点が、ヨーロッパ世界に全くなかったわけではないが、とりたてて大きな意味を持つことはなかったと言えるであろう。

宗教という語の成立とともに、宗教についての考察が始まる。ただし、その考察はキリスト教世界のなかで始まったのであるから、キリスト教をそれ以外の諸宗教と同列に置くことはできない。世界中に宗教があるのなら、宗教というのは人間が生まれながらにもつ資質や能力に由来するに違いない。それに対して、キリスト教は神によって真理を与えられた啓示の宗教である。つまり、キリスト教の真理はあらゆる意味で人間の自然的能力を超えている。そこで、自然宗教と啓示宗教という区別が改めて意義をもつようになる。この区別は、人間は自らの自然的理性によって何をどこまで知ることができるか、という問題に関わってくる。多様な宗教の事象を総括して捉える視点は理性によって与えられる。宗教についての知は、知を担う私たちの「理性」について考えることと一つに結びついている。

この問題に真正面から取り組んだのがカントである。それまで哲学的理性の立場でなされる神についての思索は、形而上学と呼ばれるものであったが、形而上学は学としての信頼を失っていた。カントが理性の立場での神の思索に学としての信頼を回復しようとした点は重要である。そのために、カントは理性批判という仕方で認識の構造と限界を明らかにすることから始めて、学としての形而上学の可能性を探るのである。

二　カントの純粋理性信仰

カントは、自分のすべての関心は三つの問い、即ち「一、私は何を知ることができるか。二、私は何をなすべきか。三、私は何を希望してよいか」に集約されると言う。[2]一が認識、二が道徳、三が宗教の問題である。カントの本来の目的はこの二と三の探究にあったわけであるが、[3]私のなすべきことは私が知り得ることを踏まえて明らかになるわけであるから、第二の問いに第一の問いが先立つことになる。そして、第三の問いは第二の問を踏まえて出てくる。第三の問いは正確に言うと、「私がなすべきことをなすならば、そのとき私は何を希望してよいか」[4]となるが、この問いの形がカントの宗教理解を規定している。

したがって、カントの宗教論は理性批判の土台の上に、[5]理性批判の展開として成立するものであり、カント哲学の全体が宗教哲学であると言ってよい。[6]宗教哲学の著作としては『単なる理性の限界内の宗教』（一七九三年）を挙げるのが常であるが、彼の理性信仰は『純粋理性批判』（一七八一年、一七八七年）や『実践理性批判』（一七八八年）ですでに明らかに示されている。『単なる理性の限界内の宗教』は、その理性宗教の立場でキリスト教の教理を読み解いた書であり、その意味では応用編という性格をもつと言える。

カントの宗教理解の基盤となるのは、神と霊魂は認識不可能だということである。では神や霊魂はどういうあり方をするのか。

感性は表象を受容する能力、悟性は受容した表象を材料として概念によって対象を構成する能力であって、この二つの能力を通じて対象の認識が成立する。悟性的認識は感覚・知覚されるものにしか成立しないため、すべての認識は制約されたものである。推論の能力である理性はすべての制約されたものに対して何が制約かを追究し、その制約をさらに制約するものを求める。こうして制約の系列をどこまでも推論する。この推論が可能なのは、制約を絶対的に超えた無制約者が理性の本性に内包されているからである。この無制約者が理念（Idee）である。カントは三段論法という推論の基本的形式から、霊魂、世界、神という三つの根本的な理念を導き出している。(7) 理念の正しい用法は、認識の限界を定めてその目標を立てるという仕方で、悟性の働きを統一づけ統制するというものである。しかし、私たちは理念を対象構成のために使用するという誘惑にほとんど打ち勝つことができない。誘惑に負けて、理念を客観的実在と見なしてしまうということが、私たちの認識能力の本性に含まれている。そうカントは考える。

この考え方からすれば、キリスト教神学でさまざまな仕方で論じられてきた神の存在証明は、すべて退けられることになる。神学で説かれる神は超越論的仮象に過ぎない。合理的神学は仮象に基づく不当な学問と見なされる。それではカントは神の現存在を否定したのかと言うと、そうではない。神の存在証明のすべてが理論的に成り立たないということは、神の存在が証明不可能であるということを意味する。神の存在が証明不可能であるということは、神の非存在も証明不可能であることにほかならない。神の存在・非存在については思弁的理性による論考とは別の仕方で探究されねばならないということが、そこから導出される。

その探究の鍵となるのは、世界という理念が実在すると見なすことが引き起こす二律背反である。世界についての制約の系列を追求する推論には、定立と反定立という相対立する二つの主張が成り立ち、理性は不可避的に背反に陥るというのである。四つの二律背反のなかで重要なのが自由の有無をめぐる二律背反である。定立は、世界の諸現象が生起する原因として自由の原因性があるというものであり、反定立は、世界におけるすべての現象は自然法則に従って生起するというものである。この二律背反をカントは、「現象」と「物自体」の区別によって説明する。現象にはその原因たる現象する或るものがなければならないということから、その或るものを物自体と呼ぶ。私たちは現象の世界と物自体の世界という二つの世界に属しており、現象である限り、人間は意志の面でも行為の面でも自然法則に支配されているから自由はないが、物自体である限り、人間は理性的存在者として自由である、ということになる。

物自体は認識不可能であるが、思考可能なものである。それ故、ここで理論的に証明されたのは、人間は自由であるということではなく、自由である可能性があるということに止まる。しかし、この理論的な自由の可能性が、道徳と宗教の可能性を開くものとされる。

道徳を成り立たせるのは実践的な意志の自由であるが、私たちは意志の自由を直接に意識することはできない。カントによれば、私たちに最初直接に意識されるのは「道徳法則」である。(8) 道徳法則はすべての人間の理性に存在する理性の事実であるとされ、この事実に依拠して自由が確証される。(9) それが意味するのは、道徳法則は純粋実践理性の自己立法だということである。それまで、道徳的命令に従わなければならない最も有力な根拠は、神の命令であるというところに置かれてきた。しかしそれは、理性にとって他律として退けられた。形式的な意味で、神の命令より理性の自律の方が上位に置かれることになったのである。

しかしこう考えたとき、人間は理性的存在者として自らの内に客観的な道徳法則をもつと同時に、感性的存在者として自然の傾向性や欲求によって動かされるということが、大きな問題となる。現実の人間にとって、自律として道徳的であることは、他律以上に厳しい課題となる。自然的傾向性に動機づけられた行為は、道徳的でないからである。しかし、傾向性の満足なしに、感性的存在としての人間は幸福であり得ない。道徳的であるだけではまだ完全な善ではない。完全な善は道徳的であるのに加えて幸福でもなければならない。道徳性と幸福との一致をカントは「最高善（das höchste Gut）」と呼ぶ。これが純粋実践理性の対象であり、その究極目的である。(10)

最高善に至るには、第一に、幸福になるに値するだけの道徳性を実現しなければならない。しかし、意志を道徳法則に完全に適合させることは、人間が一方で感性的存在者である限り、生きている間には実現不可能である。それを実現するには霊魂が不死でなければならない。第二に、実現された道徳性に厳密に適合して幸福が分け与えられなければならない。それはただ物自体の世界において賢明な創始者と統治者のもとでのみ可能である。つまり、神が存在しなければならない。最高善をもたらすためにできる限り貢献することは純粋実践理性の命令であるから、純粋実践理性は最高善を可能であり必然的でもあると考えざるを得ない。ここで、霊魂の不死と神の存在は客体として可能であることが純粋実践理性によって「要請（Postulat）」されることになる。(11)

この「要請」がどのように「純粋理性信仰」となるのか。カントは、最高善を私の意志の対象として全力をあげて促進するということは、純粋実践理性にとって義務であると考える。(12) この義務は道徳法則に基づいており、私の意志にとって最高善の促進は拒むことのできない理性の命令なのである。それ故カントは、道徳法則を認める「誠実な人（der Rechtschaffene）」はこう言うはずだと考える。「私は神が存在することを、この世界における私の現存在が自然的結合である以外にもなお純粋悟性界における現存在であることを、最後にまた、私が限りなく持続することを、私は意欲する（*wollen*）。私はこのことをあくまで主張し、この信仰（Glaube）を私から取り去るようなことをさせない」。(13) 彼はこの信仰において、神が客観的に現存在するとして行為する。そこにおいて、神の現存在は主観的に真と見なすには十分であるが、客観的に真と見なすには不十分である。(14) それ故、神の現存在は私の希望にとどまる。これがカントの語る純粋理性信仰であり、「私は何を希望してよいか」という問いへの答えである。(15)

三　カントにおける「宗教」と「啓蒙」

カントの純粋理性信仰の考え方は同時代においてすでにいろいろな批判を受ける。絶対的な理性の権威に依拠する宗教理解は教会の権威に対する真っ向からの挑戦であり、当時の時代状況のなかで、『単なる理性の限界内における宗教』は印刷許可さえ容易には得られなかった。さらにこの時期、理性主義への反動としてロマン主義が台頭し、宗教という事象を直観や感情から捉えようとする動きが出てきた。カントの立場は、宗教を道徳に解消してしまうように見えたのである。その一方で、その理性信仰は啓蒙思想を強力に推進するものとして熱い賛同を得た。

現代の視点から見たとき、カントの理性信仰の立場は宗教哲学が成立する上で不可欠なものを含んでいると思われる。カントのこの事象の捉え方が時代を画するものであったことは、彼の「宗教」という語の捉え方に明瞭に現れている。彼は『単なる理性の限界内における宗教』なかで、次のように言う。


（真の）宗教は一つのみであるが、信仰には多くの様式がありうる（Es ist nur *eine* (wahre) *Religion*; aber es kann vielerlei Arten des *Glaubens* geben.）。――信仰様式がさまざま異なるためにたがいに分かれた多くの教会があるが、それでもなお同一の真の宗教が見出され得るということを、さらに付け加えることができる。

それ故、この人はこれこれの宗教をもっているというよりは、これこれの（ユダヤ教の、イスラームの、キリスト教の、カトリックの、ルター派の）信仰をもっているという方がより適切である（実際にもより多く用いられるのはこちらの方である）。（カテキズムや説教で）大勢の公衆に呼びかける際には当然、前者の表現は用いられるべきではないであろう。というのは、宗教という表現は、なにしろ近代語にはそれと同じ意味の語がないのであるが、公衆にはあまりに専門的で理解し難いのである。普通の人が宗教という表現のもとで理解しているのはつねに自分の教会信仰のことであり、宗教は内面に隠れているとか、肝心なのは道徳的心術であるとかいうことは、わかっていないのである。大部分の人たちについて、彼らはこれこれの宗教をもつことを公言すると言うならば、彼らにあまりに多くの敬意を払うことになる。というのは、彼らは宗教を知ることも求めることもないからである。規則による教会信仰が、彼らが宗教という語で理解するすべてなのである。(16)

現代の宗教学では宗教の語をreligionと単数表記することも、religionsと複数表記することもある。どちらにすべきか、場合によっては議論が巻き起こる。カントは宗教を人間の内面の事柄を指す語とすることによって、単数で理解する。理性が一つであるように宗教は一つであり、したがって真の意味での宗教とは理性宗教だということになる。それに対して、「信仰」は教義や礼拝の規則などの経験的事象を含めた語として用いられる。十六、七世紀のヨーロッパは、キリスト教のカトリック・プロテスタント諸派による血で血を洗う争いに苦しんできた。ただ一つの真の宗教という考え方は、カントにとって、そのような争いを集結させ得るものだったのである。

教会信仰はその真理性を神の「啓示（Offenbarung）」に置く。問題はこの啓示の概念であるが、カントは、啓示をより広い信仰領域、純粋理性信仰をより狭い信仰領域と捉え、両者が同心円状にあると考える。(17) つまり、純粋理性宗教は「すべての人間に不断に起こる（経験的ではないにしても）神の啓示」である。(18) キリスト教においては、キリストは歴史上に神が自らを顕した神の子であり経験的世界における歴史的な啓示であるということを、信仰の核とする。この啓示の特殊な出来事は、自然法則に支配される経験的世界においては「奇跡」であり、この奇跡は「聖なる伝承」として教会を通して人々に伝えられる。教会の説くこの信仰を介して、人々は善の促進へと統合されていく。この統合は当然歴史的なものである。それに対して、人間の内なる理性によって導かれる純粋理性信仰はすべての人間に共通する普遍性をもつ、とカントは考える。そこから、「教会信仰が純粋な宗教信仰の単独支配へと次第に移行することは神の国が近づくことである」(19) というテーゼが出てくる。

このテーゼは直ちに啓蒙思想となる。「胎児の時期にはとても有用であった、規約と規律という付属物を伴った聖なる伝承という導きの紐は、次第に不要になり、それどころか青年期に入るときには遂に枷となる」(20) と述べるカントの啓蒙の定義は「啓蒙とは人間が自分自身から招いた未熟さから脱出することである。未熟さとは、他人の指導なしには自分の悟性を用いる能力がないことである」(21) というものであった。すべての人間は自らの未成年状態を抜け出る責任をもつ。自分の悟性・理性を用いて認識・思考し、自分の責任で行動するという、近代の自立した人間像がここで明確に提示される。その自立の鍵となるのが、教会信仰から理性宗教への移行である。カントの啓蒙の主眼点が「宗教に関する事柄」に置かれるのは当然であろう。

それでは、自分の悟性・理性を用いることで人間はどこへ向かうのか。向かうのは、実践理性の究極目的である最高善の実現である。だが、人間は理性的に行為できる一方で、欲望に動かされることを本性とするはずである。カントは、意志が道徳法則に完全に適合するという道徳的完全性は個人の次元では達成不可能であると考える。そこでカントは言う。「人間において（地上で唯一の理性的被造物として）、その理性の使用をめざす自然素質はその類（Gattung）においてのみ完全に発展するはずであって、個体においてではない」[22]。道徳的完全性が実現可能であるとしたら、それは個人ではなく倫理的共同体においてであると考えられ、その共同体は結局、人類の共同体ということになる。神の創造の究極目的は一人ひとりの個人ではなく、「人類（Menschengattung, Menschheit, Menschengeschlecht）」という類のレベルで達成され得るのである。古代宗教は部族や民族などの地域共同体の守護を担うものであったから、神の加護が共同体に向かうということは何ら新しくない。しかし、国家や民族を越えて人類というレベルで神の経綸を考えて、それを現実の人間社会を導く理念とするということは、近代の理性信仰の立場に特徴的なものだと思われる。

しかし、ここには根本的な問題が潜んでいる。カントの道徳法則は「君の行為の格率（Maxime）が君の意志を通して普遍的自然法則（*das allgemeine Naturgesetz*）になるべきであるかのように行為せよ」[23]とも表記される。道徳法則は自然法則と同質の普遍性をもつのである。つまり、純粋理性の哲学は人間をこの意味での普遍性のもとに理解するのであって、唯一的な「個」としては扱わない。各々の人間は自然科学の実験・観察のサンプルと同様の位置付けとなる。最高善の達成という問題を通して、救済の対象が個人ではなく人類となるというのも、当然の帰結である。しかし、絶望して救いを求めて神に祈るのは、具体的な状況のもとでそれぞれの現実を生きる個人であろう。宗教論としては、カントの理性宗教の決定的難点がここにある。

道徳法則が自然法則と類比的に語られていることは、道徳的行為が内面を問うものであるにしても、それに止まることなく現実世界の諸物の秩序を変革するものであることを指し示すであろう。それと符合する仕方で、理性宗教は現実世界の変革に繋がるものであると解される。

四　宗教哲学の思索の地平

以上のようなカントの批判哲学の中に、現代にまで至る宗教哲学の原点を見て取ることができる。なかには、現代的観点から私たちがそのまま受け継ぐことのできないものもあるが、今なお重要な示唆を与える宗教哲学の四つの特質を、以下に取り出してみたい。

第一に、宗教哲学は宗教を世界と自己の全存在的な希望の事柄として捉える視座をもつことが求められる。カントにおいて、私は何を知ることができるか、私は何をなすべきか、という二つの問いは、世界と自己との全存在を集約するものであり、その上で、私が希望することのできるものが問われる。したがって、宗教は特定の事象、特定の領域の事柄であるとか、宗教は人間の内面にのみ関わるとかいう捉え方では不十分である。世界と自己の全存在的集約が現実的にめざされるならば、その集約は絶えず更新される必要がある。

この視座が重要であるのは、それが科学的知識との関係を大きく包んでいくものだからである。科学の知はどのように私たちの世界理解と自己理解に関わっていくか、テクノロジーの成果は私たちの日常生活と私たち自身をどのように変えていくか、それを明らかにすることは宗教哲学の重要な問題である。

第二に、宗教哲学はそれ自身の内に宗教の絶対性を哲学的に解明しようとする方向と、そのような絶対性を解明する立場そのものを相対化する方向とを、合わせ持たねばならない。カントは理性の自律を神の命令への服従よりも上位に置いた。それによって、宗教哲学は純粋理性という思索の手綱を握り、神という絶対的なるものを解明して「宗教」を形作るための武器を獲得した。それが身の程知らずの挑戦であるばかりか、結局は神の殺害と理性の自壊を導くものであったことは、やがて明らかになる。宗教哲学の成立はそれ自体がニヒリズムの到来の先駆けという意味を持っており、そういう仕方で宗教哲学はヨーロッパ近代を形成する一契機であったと言えよう。

それ自身のうちに絶対性を確信する立場の崩壊を内包しているからこそ、宗教哲学はニヒリズムを考察することができる。神学は無神論をそれ自身の立場の否定として視界に収めることができるし、「神の不在」を考察することもできる。しかしながら、神学はニヒリズムを思惟することはできない。ニヒリズムは思惟する自己自身の空洞を思惟するという仕方でしか考察され得ないのである。したがって、宗教哲学は神学とも形而上学とも異なる独自の思索の地平をもつと言うことができよう。

第三に、宗教哲学は、宗教という事象をすべての人間において究極的な意味で普遍的なものと見なし、それをさしあたって人間の内面性において追究し明らかにしようとする。さしあたってというのは、内面性が宗教哲学の思索の最初の位置取りになるという意味である。

内面性の追究は、カントにおいては限界をもっていた。純粋理性の立場そのものの限界であったと言ってよいであろう。この立場において道徳性が徹底的に追求され得るが、それが道徳性の追求であることがこの立場の限界を露わにする。カントにおいてそれが見えてくるのが、キリスト教の「原罪」を理性宗教の立場で読み解いた「根源悪」の思想である。しかし、それはカントの思想の堅固な枠組みを破るものではなかった。

この限界が、取替不可能な唯一的個を扱うことができないという仕方で現れる。この限界を突破し、カント的な内面性を逆説的に転換したところに神と対峙する唯一的個を見出していくのが、Ｓ・Ａ・キルケゴールである。彼は倫理的実存の限界を逆説的に突破するところに、宗教的実存が開かれると考える。そして、無限の逆説である神の前で私は唯一人であるというあり方を「単独者」として捉え、それを徹底的に追究していく。この自己否定を介した内面性の展開は宗教哲学の主要な主題となっていく。

しかし、カントの立場の限界は単なる限界ではなく、別の局面を拓くものであった。カントが「宗教は内面に隠れている」というとき、その内面は外面との対比にある。信仰様式という外面が多様であっても内面には同一なるものがあるとして、そこに人々の和合を見出そうとしたのである。宗教は一つという考え方のなかには、キリスト教世界を苦しめた宗教戦争を克服しようとする政治的意図があった。それは、現在多くの国の憲法に基本的人権として記されている「宗教（信教）の自由」にまで繋がっている。「宗教」の語のはらむ政治的文脈は常に新たな問題を引き起こす。近年ポストコロニアル批評の一環としてなされる宗教概念批判もその文脈のなかにあり、宗教の問題においては自由と抑圧は表裏の関係にあり続ける。

したがって第四の特質として、宗教という事象が政治的文脈を持つことから、宗教哲学もまた現実の政治的・社会的問題と向かい合う局面を避けて通れないということを挙げておこう。

カントにおいてこの政治的文脈は宗教の究極目的を「人類」と見なすことにおいて大きく展開する。最高善の実現の障害となるのは人間の自然的な傾向性・欲望の側面であったが、自然素質の発展が人類のレベルで達成されるのは社会においてである、と彼は考えた。そこから、法にかなった市民社会の実現が人類の課題として導かれる。完全な市民社会は国家内部だけでなく、国家間においても実現されなければならないということから、国際連盟（Völkerbund）と世界市民（Weltbürger）という概念が導出されることになる。この概念の影響のもとに第一次大戦後の一九二〇年に国際連盟（League of Nations）、第二次大戦後の一九四五年に国際連合（United Nations）が設立されたことはよく知られている。ただし、人類という概念は政治的文脈でも危うさを秘めている。

五　動態としての宗教

カントの理性宗教の立場を批判し、宗教を独自の領域として確保しようとしたのがシュライエルマッハーである。彼は、『宗教について：宗教を軽んずる教養人への講話』（一七九九年）において、宗教は形而上学や道徳と同様に宇宙と宇宙に対する人間の関係を対象としているが、形而上学や道徳とは区別すべきである、と主張する。そして、宗教の「本質」を「直観と感情」に見て取り、「宗教は思弁および実践から完全に離れることによってのみ、みずからの領域とみずからに固有な性格を主張するものである」[24]と述べる。宗教哲学を独立させたことから、「勝義に於ける宗教哲学の祖と見なされる人はシュライエルマッヘルである」[25]という評価も出てくる。宗教を固有の特質をもつものと見なすことで、現象としての宗教を考察する実証的宗教学が哲学から独立して成立する道も開かれる。

その後、このような仕方で宗教の本質を限定しようとするさまざまな試みがなされるが、その議論が収斂に向かうことはなかった。ウィリアム・ジェイムズは一九〇一〜一九〇二年にエディンバラ大学のギフォード講座で行った宗教講義でこう述べている。

…宗教の定義が非常にたくさんあり、しかも互いに非常に異なっているという事実こそが、「宗教」の語が何か唯一の原理や本質といったものを表すことはできず、むしろ一つの集合名詞 (a collective name) であることを、十分に証明している。理論化する人は常に、その材料を単純化し過ぎる傾向がある。この過剰な単純化が、哲学と宗教の両方にはびこってきたすべてのあの絶対主義と一面的な独断論の根源である。私たちは、私たちの主題の一面的な見方にすぐ陥ってしまうことがないようにしよう。むしろ、最初から率直に次のことを認めておこう。私たちはおそらく一つの本質を発見するのではなく、宗教のなかに代わる代わる等しく重要であり得るような多くの性質を発見するであろう、と。[26]

宗教の語についてのこの見方を敷衍すると、ヴィトゲンシュタインの家族的類似性という考え方に通じる。すなわち、日常生活における私たちが用いる言葉は、論理学における一義的な概念とは異なり、家族的類似という仕方でいろいろな要素を多層的に含んだ曖昧なものだというのである。

「宗教」という語は、近代世界の各国語で広く翻訳されて日常語となっている。政治的文脈においては、語義の多層性は難しい問題を引き起こす。具体的な例を挙げるならば、日本国憲法には宗教（信教）の自由と政教分離が謳われているが、かつて中曽根首相、小泉首相の靖国神社公式参拝に対して違憲訴訟がなされ、裁判となったことがある。そこで問題となったことの一つは、参拝が宗教的行為か習俗的行為かということであった。宗教的行為であれば違憲、習俗的行為であれば違憲ではないということになる。このような公的な事象では尖鋭化された形で出てくるが、何が宗教であるか、宗教とは何か、私たちは日々の社会生活のなかでそれなりに判断し、それなりに行為し続けている。宗教という語で呼ばれる具体的事象はこのような仕方で見出され、形成されてきていると言える。注目すべきであるのは概念の問題ではなく、宗教は根本的に私たちが参与する動的事象だということである。宗教哲学が宗教を全存在的事象として捉えようとすることは、この動態を動態として捉えようとすることにほかならない。

宗教哲学というphilosophieren[27]は何らかの程度「企投する思索」として特徴づけられる。そういう仕方で宗教哲学は宗教という事象の動態に参与する。カント哲学を宗教哲学の原型と考えたのは、このようなあり方がカントの思索に顕著に現れているからである。

六　客観的理性から主観的理性への変質

だが、カントの純粋理性の立場は、十九世紀、二十世紀を通じていろいろな角度から批判される。そのなかで、二十世紀の二度の世界大戦を経て出されたフランクフルト学派の批判は、ヨーロッパ近代の時代診断という性格をもつ代表的なものである。近代は、人間が最高善の理念のもとに民主主義の理想を掲げ、それに向かって自らの力で歴史を造っていく新たな時代であると考えられていた。その理想を明確に提示したのが啓蒙思想であり、理想社会の実現を支えたのが近代自然科学とテクノロジーであった。そして、その一切を貫くのが、自分で考え、自分で判断し、それに基づいて行動する自立的個人であり、自立的個人を可能にする理性の能力であったはずである。しかし、大衆化した民主主義はファシズム国家を生み、人間を豊かに幸福にするはずであった科学とテクノロジーの力は人類を破滅させるほどの強大な兵器を生み出した。そこに、フランクフルト学派の人々は、カント的理性が啓蒙思想の動力となった後に道具的理性に変質したという事態を見て取った。宗教哲学をどのようなものとして展開させていくかということを考えようとするとき、現実世界におけるこの理性の変質は決定的に重要である。

フランクフルト学派の理性批判の嚆矢となったのは、ホルクハイマーの『理性の腐蝕』（一九四七年）である。彼は、カントだけでなく、プラトン、アリストテレス、スコラ哲学、ドイツ観念論のなかに理性についての客観的理論、すなわち理性は実在に内在する原理であるとする理論を読み取る。(28) この理論は、理性とは精神の主観的機能にすぎないとする説と対比される。精神の主観的機能、すなわち分類し、推論し、演繹する能力としての理性であり、ホルクハイマーはこれを主観的理性と呼ぶ。それに対して、前者は客観的理性ということになる。主観的理性が本質的に関心をもつのは目的に対する手続きが妥当であるか否か、行動が目的に対して整合的であるか否かについてであり、目的自体が合理的であるか否かについてはほとんど関心をもたない。目的に関心をもつことがあっても、その目的は自己保存についての主観的関心に従うものでなければならない。それがこの理性にとって合理的なのである。自己保存は個人のものである場合も、個人が拠り所とする共同体の保持である場合もあるが、目的が主観的利益に関係なく、それ自身において合理的であるという考えは、主観的理性のものではない。ホルクハイマーはこのように論じて、客観的理性から主観的理性へと、この数世紀の間に西洋の思惟における理性の捉え方が根本的に変化したと主張する。そして、この主観的理性の在りようを「道具的理性」と呼んで批判し、ここに理性の危機を見て取るのである。

そして、この理性の危機を招いた一つの要因が宗教の変容だと、ホルクハイマーは指摘する。彼は、理性の客観性は宗教的啓示の絶対性の観念を模倣したものであると考える。宗教と哲学とがもはや激しい論争をすることなく、それぞれに割り当てられた仕切りのなかでの活動に甘んずるようになったことで、宗教は他の文化財と並ぶ一つの文化財になり下がった。宗教は「客観的真理を具体化する」という「全体的」要求を失うに至った。[29] それによって精神的客観性を媒介するものとしての宗教は排除され、やがて客観性の概念が廃棄された、というわけである。

ではどうしたらこの危機を乗り越えられるのか。ホルクハイマーによれば、理性の主観的側面と客観的側面とは両方とも最初から存在していた。[30] ギリシア語のロゴス（λόγος）やラテン語のラチオ（ratiō）はもともと話す、考えるなどの主観的能力に関係する語であった。この能力は、神話について批判するとき、それ自身が適当と見なす概念を用いるという仕方で働く。これは主観がそれ自身の客観性を展開していく仕方なのであり、客観性を支えるこの概念がプラトンによってイデア論として仕上げられていく。イデア論とは、思考の最高の内容を、思考に関係づけられてはいるが究極的には思考能力を超越した絶対的客観性として規定しようとする考え方である。ところが、現代では思考はそのような客観性を思考することができなくなっている、もしくはそのような客観性を幻想として否定するようになっている。そうなると、私たちの行動や信念の基準、倫理学や政治学の指導原理、一切の私たちの究極的決断、こういったものは真理や理念の問題ではなく、選択や好みの問題となる。選択や好みは結局、利害関心によって決まってくる。しかし、主観的理性概念と客観的理性概念とはたとえ二律背反を示すとしても、決して二つの分離し独立した精神のあり方を示すものではなく、理性の二つの側面として和解させなければならない、というのがホルクハイマーの提言である。(31)

七　現代の宗教哲学の課題

ホルクハイマーの時代診断は多くの点で的確であったと言えよう。だが、彼の願いに反して、主観的理性への変質は二十一世紀の現在、ますます加速しているように見える。哲学と宗教との隔たりはいっそう大きくなり、宗教はほとんど伝統文化となりつつあるように見える。ホルクハイマーが客観的理性と呼んでいるのは、力としての理性が個人の精神に存在するだけでなく、客観的世界のうちにも実在するという考え方である。先に、宗教哲学は宗教を世界と自己の全存在的な事柄として扱うということを述べたが、宗教が客観的真理を具体化しようとする要求を失ったということは、宗教がもはや全存在的事柄ではなくなったということに他ならない。それは宗教が真理性を失ったということである。宗教哲学はこの真理性を失ったという出来事自体を、即ちニヒリズムを扱うことになる。(32)

ホルクハイマーが客観的理性と呼んだものの空洞化は、ヘーゲル以後に急速に進行する。それに対する神学の応答は、K・バルトが『ローマ書』（第一版一九一九年、第二版一九二二年）で神の啓示の絶対性を掲げたところに観取される。バルトは人間の自然的理性において事実は矛盾としてしか現れないと考えて、神の言が人間の営みを絶対的に超えていることを主張した。そして、彼を出発点とする弁証法神学運動は啓蒙思想の影響下に成立した自由主義神学を厳しく批判した。彼らは決して哲学との関係を切り捨てたわけではなく、そういう仕方で客観的理性を守護しようとしたと言った方がよいかもしれない。二十世紀の神学思想の展開は多様で興味深いものであるが、それらが哲学者たちに与えた影響の多くはキリスト教、ユダヤ教、イスラームといった特定の信仰に由来するものである。信仰の立場は宗教哲学へと出て行くのではなく、神学へと退却していったという感が強い。

他方、次第に二十世紀哲学の主流となっていく分析哲学は、ホルクハイマーの言う主観的理性の立場に徹するものであると言えよう。そこでは、主観的理性の分類し、推理し、演繹する作用が論理的妥当性をもって遂行されることがもっぱら真と認められる。つまり、客観的真理の追究は哲学の課題ではないとされる。宗教哲学を自己と世界の全存在的事象を扱う現在進行形の哲学的思索であるとするなら、理性の主観的側面と客観的側面との和解なしには、宗教哲学の成立する余地はない。

それでは、その和解はどのように可能であるのか。それを西田哲学と仏教思想の考察を通して探ってみたい。

これまで本稿で扱ってきたのはユダヤ教・キリスト教の伝統のなかで形成されてきた哲学思想である。しかし、「宗教」が集合名詞であり、この語の意味が多層的であることを考えると、ユダヤ教・キリスト教とは異なる宗教的伝統の影響下で「哲学する」ということが起こらねばならない。宗教哲学は他の宗教的伝統へと出てゆき、新たな宗教哲学を生成することで、その真価を発揮し得るであろう。ただし、「哲学」の語は集合名詞ではない。宗教哲学は単に仏教的伝統のもとで原理的な問題を思索すれば成立するというものではない。そこに或る種の化学変化が起こらねばならない。その化学変化によってこそ、宗教哲学の本来の意義が発揮されるはずである。明治・大正・昭和初期の時代に、哲学的理性は西洋の近代思想・近代文明を日本の地に根付かせると共に、それを東洋の宗教的・文化的伝統と調和させるという困難な課題を背負うことになったわけであるが、この課題とその課題が引き起こす葛藤とが宗教哲学を成立させる契機であった。その意味では、当時の日本で形成されたすべての哲学思想が何らかの程度、企投する思索としての宗教哲学であると言えよう。その企投は、人々の精神生活の基層において「日本の近代を作る」という意味をもっていた。その典型となったのが西田幾多郎（一八七〇―一九四五）の哲学であり、それに続く京都学派の哲学であると解される。

だが、西田の思索を導いた課題は二十一世紀の私たちの課題ではない。私たちがここでなすべきことは、西田がどのように自らの課題に立ち向かっていったかを明らかにすることではなく、西田の思索を手がかりにして私たち自身の課題と向かいあうことである。

八　現代の宗教哲学の課題

それでは、現代世界の宗教哲学の課題とはいかなるものであるか。

先に、カントにおける内面性の追究が唯一的個を扱うことができないという限界をもつことを指摘した。唯一的神と唯一的私との関係はユダヤ教・キリスト教における神との出会いの原点にあるものと考えてよいであろう。唯一的個というあり方は命題と命題の間に成立する特殊と一般の関係を超え出るものであり、その超え出たところに信仰者は神との出会いを見出そうとしてきた。この事態は仏教などにも共通するところがある。たとえば『歎異抄』で「弥陀の五劫思惟の願をよくよく案ずればひとへに親鸞一人が為なりけり」[33]と言われる「親鸞一人」が、まさに唯一的個であろう。大乗仏教の「一切衆生の救済」という理念はあくまで一切の「個」の救済を意味するのであって、「人類」という総体の救済ではない。[34]絶対的なるものとの出会いにおける「個」というあり方は、長い時間をかけて人間がその生存のなかで見出し紡いできたものであるように思われる。

その一方で、カントが宗教の究極目的とした「人類」は世界平和に向けた理念としての意味をもってきた。だがここでむしろ注目したいのは、彼の「人類」の概念が人間の自然素質の発展という観点から導き出されたという点である。それは事柄として、人間を科学の研究対象として見ることへと発展する性格のものである。物質的な身体の研究だけでなく、二十世紀になると「人類」の内面性とも言うべきものの研究が人類学や社会学や心理学の分野で進められてきた。宗教的観点で挙げると、ロジェ・カイヨワの『人間と聖なるもの』（一九三九年）やルネ・ジラールの『暴力と聖なるもの』（一九七二年）などはその優れた成果である。近代文明の展開のなかで世界は一つに繋がり、その一つの世界の変容と行末を考える上で「人類」という概念の重要性は否応なしに高まっている。それは、人間の在りようを宗教という深さの次元で考察する概念として「人類」が大きな意味をもってきたということである。その意味を宗教哲学は無視することができない。

「人類」の概念は私たちの世界理解を変えただけでなく、自己理解をも大きく変容した。科学とテクノロジーを通して、私たちの内面性に「人類」が参与したのである。私たちの生活への科学とテクノロジーの浸透の度合いは加速度的に増大しているが、そういう世界に生きるということは、自分を「ヒト」という類の一サンプルと見ることにほかならない。この見方は、私の自己理解のなかに深く組み込まれていく。たとえば、年をとって物忘れがひどくなった私は、脳内にアミロイドβを増やさないような食事を心がけている。自分が神によって義とされる生き方をしてきたかを省みるよりも、減塩食やメタボトレーニングをして認知症予防をすることの方が、現代の高齢者の生活態度である。また、或る女性が遺伝学的検査によって乳ガンの発症リスクを調べてもらったという話を聞くと、私は、生まれつきもっている遺伝子配列によって自分が既に相当程度規定された存在であると考えざるを得ない。こういったことが意味するのは、科学とテクノロジーの世界において人間は常にヒトという類の一サンプルであって、唯一的個人ではないということである。私は自分をサンプルとして扱い、サンプルであることから自分自身を理解している。これは私の意思による自己理解の仕方ではなく、現代世界で生きるということに構造的に組み込まれた自己理解の仕方である。(35)

問題は、このように「個」の次元と「人類」の次元とが自己と世界のなかに組み込まれているにも拘らず、両者が乖離したままだということである。実定諸宗教は、現代の私たちが二つの異なる位相を生きていることに、正面から向かい合うことができていない。多くの宗教者は、環境問題や遺伝子操作の問題などについて提言をするとか、社会の構造的な格差や差別の解消に尽力するとかいう仕方で、しっかりそのことに向かい合っていると考えている。しかし、この考え方は宗教者が世俗社会の問題を考えるという構図のもとにあり、伝統的諸宗教の思考の枠の中から自分たちの外を見ているに過ぎない。

現代の宗教哲学の課題として、「個」の位相と「人類」の位相との乖離を挙げておきたい。この問題は西田哲学のなかにその乖離を克服する道を見出すことができるほど安易な事柄ではない。この乖離は私たちの自己理解を分裂させ、全存在的な信仰を空洞化させ得るものであるにしても、そのこと自体はたいした危険ではない。この乖離の本当の危険は、それがこの乖離に正面から向かい合おうとする真剣さを腐蝕させるところにある。真剣さの腐蝕は理性の腐蝕より恐ろしい。だからこそこの課題は、私たちの思索が私たち自身を問い尋ねるものとなるよう導くことができるはずである。次稿ではそれを試みてみたい。

注

（1）　ラテン語のreligioは、初期には多様な意味で用いられていたようである。脇本平也によれば「この語は、もっとも原初的には、なにか不思議な事物に接したときの畏怖や不安や疑惑の感情を指したという。のちにはこうした感情をひきおこす対象や、その対象に対する態度行動としての儀礼などを意味するようになった」（小口偉一・堀一郎編『宗教学事典』東京大学出版会、一九八〇年）。この語がやがてローマにおける成立宗教の諸系統を指すようになると、キリスト教こそ真のreligioであるという主張が出てくるが、この語はその後も多義的であり続ける。ちなみに、日本語の「宗教」も以前は仏教を意味していたが、明治初期にreligionの翻訳語に採用されて以降、一般的な集合名詞として用いられるようになって現在に至っている。

(2) Immanuel Kant, *Kritik der reinen Vernunft*, nach der ersten und zweiten Original-Ausgabe neu herausgegeben von Raymund Schmidt, Felix Meiner Verlag in Hamburg, 1956, S. 728, A805, B833.

(3) *Ibid*., S. 723, A798, B826.

(4) *Ibid*., S. 728, A805, B833.

(5) この「批判」とは次の意味である。「純粋理性の哲学はすべてのアプリオリで純粋な認識を考慮に入れて理性の能力を研究する入門教育（下準備）である。それは批判と呼ばれるか、あるいは第二に純粋理性の体系（学問）と呼ばれるか、体系的連関のうちにある純粋理性に基づく（真のあるいはまた外見上の）哲学的認識の全体と呼ばれるか、形而上学と呼ばれるかの、いずれかである」(*Ibid*., S. 755, A841, B869.)。

(6) カント哲学の全体を宗教哲学であると考える研究者にゲオルグ・ピヒト（Georg Picht, 1913-1982）や量義治（1931-）がいる。

(7) *Ibid*., S. 364-365, A333-334, B390-391.

(8) 道徳法則は「それを通してその格率が普遍的法則になることを君が同時に意欲することができるような、そういう格率に従ってのみ行為せよ」という形式的な形で表現される。これが先述の「私は何をなすべきか」という第二の問いへの答えである（I. Kant, *Grundlegung zur Metaphysik der Sitten*, Hrsg. von Karl Vorländer, Verlag von Felix Meiner in Hamburg, 1965, S. 42-43, A421）。

(9) 「自由は確かに道徳法則の存在根拠（ratio essendi）であるが、しかし道徳法則は自由の認識根拠（retio cognoscendi）なのである」（I. Kant, *Kritik der praktischen Vernunft*, Hrsg. von Karl Vorländer, Verlag von Felix Meiner in Hamburg, 1967, S. 4, A4）。

(10) I. Kant, *Kritik der praktischen Vernunft*, S. 127-128, A110-111.

(11) 「（私が実践理性の要請という語において理解しているのは次のことである。）すなわち、理論的命題であるが、アプリオリに無制約的に妥当する実践的法則に切り離し難く結びついているかぎり、私が理論的命題として証明できない命題である」（*Ibid*., S. 141, A122）。神の存在と霊魂の不死に加えて、自由も純粋実践理性の要請とされるが、要請の仕方がこの二者と自由とでは異なる。

(12) *Ibid*., S. 163-164, A142-143.

(13) *Ibid*., S. 164, A143.

(14) I. Kant, *Kritik der reinen Vernunft*, S. 741, A822, B850.

(15) 最高善を介して純粋理性信仰に至る議論は、現代の私たちの目には、かなり強引に見えるかもしれない。『純粋理性批判』の「超越論的方法論」では、神の現存在が自然の現象世界のなかでそう簡単に切り捨てられるものでないことを踏まえて、次のような議論も展開している。

私たちが自然現象のなかに合目的的統一が実際にあると感じて、そこに自然的世界の原因としての神を見て取ることは、経験のあり方として不思議ではない。この場合の原因は、自然現象における因果の系列全体の原因を意味するが、それに対応して因果の系列全体の結果を考えると、この結果は自然的世界の目的と考えられるから、この考え方は自然界の目的論的説明へと繋がっている。カントは私たちの自然素質のなかにこのような形而上学を考える指向があることを認めており、そこに一つの信仰の形を見ている。ただし、それは理性の思弁的使用に基づく理説的信仰（der doktorinaler Glaube）であると見なして、理性の実践的使用に基づく道徳的信仰（これが純粋理性信仰である）と区別する（*Ibid.*, S. 743-746, A826-829）。理説的信仰とは理屈だけで導き出した信仰であり、現実の経験によって導かれることも現実の経験を導くこともない信仰である。他方、道徳的信仰を支えるのは「道徳的心術（moralische Gesinnung）」である。カントによれば、私の行為には現象的に捉えられる原因性と叡智的に捉えられる原因性との二つがあり、後者の性向が道徳的心術と呼ばれる。神と来世への信仰は私の道徳的心術と織り合わされており、決して失われる心配はない。とはいえ、私の行為には現象界の原因性もあるわけだから、道徳的心術が欠如する場合もあり得るであろう。しかし、その場合でも、私に神と来世を恐れさせるに足るものが残る、とカントは言う（*Ibid.*, S.746-747, A830）。それは、神と来世が存在しないということの論理的な不確実性である。カントは思弁的理性の弁証論で、神と来世が存在することも存在しないことも共に証明不可能なことを論証した。それなら、もしかしたら神と来世は存在するのかもしれない。このもしかしたらという恐れが欲望や傾向性に身を任すことを抑止する力をもつというのである

(16) I. Kant, *Die Religion innerhalb der Grenzen der bloßen Vernunft*, Hrsg. von Karl Vorländer, Verlag von Felix Meiner in Hamburg, 1961. S. 117-118, A107-108.

(17) *Ibid.*, S. 13, A12.

(18) *Ibid.*, S. 135, A122.

(19) *Ibid.*, S. 126, A115.

(20) *Ibid.*, S.134, A121.

(21) I. Kant, Beantwortung der Frage: Was ist Aufklärung? in: *Kant's gesammelte Schriften, Bd. 8*, Hrsg. von der Königlich Preußischen Akademie derWissenschaften, de Gruyter, Berlin, 1923, S. 35.

(22) I. Kant, Idee zu einer allgemeinen Geschichte in weltbürgerlicher Absicht, in: *Kant's gesammelte Schriften, Bd. 8*, S. 18.

(23) I. Kant, *Grundlegung zur Metaphysik der Sitten*, S. 42-43, A421.

(24) F. Schleiermacher, *Über die Religion: Reden an die Gebildeten unter ihren Verächtern*, 5. durchgesehene Aufl., Göttingen: Vandenhoeck und Ruprecht, 1926, S. 32ff. 高橋英夫訳『宗教論：宗教を軽んずる教養人への講話』筑摩書房、一九九一年、四一頁。

(25) 西谷啓治「宗教哲学――研究入門」『西谷啓治著作集』第六巻、創文社、一九八七年、一四四頁。

(26) William James, *The Varieties of Religious Experience: A Study in Human Nature*, The Modern Library, Random House, Inc., 1929, p. 27. W・ジェイムズ著、桝田啓三郎訳『宗教的経験の諸相（上）』岩波文庫、一九七六年、四六頁。

(27) このphilosophierenは言うまでもなくカントの「哲学は決して学ぶことはできない。理性に関しては、ひとはせいぜいのところ哲学すること（philosophieren）を学びうるのみである」(I. Kant, *Kritik der reinen Vernunft*, S. 752, A837, B865) に拠る。それまでなかった動詞形でカントが表わそうとしたのは、「理性という才能を、それの一般的諸原理に従うなかで或る種の目前の試みに即して練磨すること (das Talent der Vernunft in der Befolgung ihrer allgemeinen Prinzipien an gewissen vorhandenen Versuchen üben)」(*Ibid.*, S. 753, A838, B866) である。名詞の「哲学」は「一つの可能的学問の単なる理念」ということになり、私たちの理性の練磨はこの理念をめざすのである。

(28) Max Horkheimer, *Eclipse of Reason*, New York, Oxford University Press,1947, pp. 3-5. 山口祐弘訳『理性の腐蝕』せりか書房、一九八七年、一一 - 一三頁。

(29) *Ibid.*, p. 17. 同書二六頁。

(30) *Ibid.*, p. 6. 同書一四頁。

(31) *Ibid.*, p. 174. 同書二〇六頁。

(32) もっとも、そう簡単に宗教の真理性が消失してしまわないことも確かである。日常の生活から信仰の要素がまったく失われているように見えても、生きることの不安や絶望や迷妄がなくならないかぎり、そこからの救いの願望は生じ続ける。その願望がリアルで差し迫ったものであればあるほど、与えられる救いが果たして本物かという疑念がそこに差し込んでくる。信仰は疑念とセットであり、宗教には常に迷信・妄信・狂信がつきまとう。

(33)『歎異抄』後序。

(34) このことは、仏教の慈悲が決して「一殺多生」と結びつかないことの根拠にもなる。

(35) 私たちの生活環境はテクノロジーによって生産され維持される物によって構成されており、それを用い、それに守られて生きているかぎり、たとえ個人としては科学知を真と認めない者がいても、私たちはみな科学知の真理性を生きている。アメリカではいまなおダーウィンの進化論を退けて聖書の創造説を真理とする人々が多くいるが、彼らは現代のテクノロジーを拒まない。イスラーム主義を奉じて六信五行を厳格に信ずるターリバーンの戦士たちも、テクノロジーの粋を尽くした武器や通信機器を用いている。確かに、信仰に反するとして現代のテクノロジーを退けて移民当時の生活様式を守るアメリカのアーミッシュのような人々もいる。しかし、そのような人々の存在は宗教の自由を基本的権利と見なす社会制度のもとで可能となっている。このような社会制度は、宗教的真理と科学的真理との棲み分けと不可分に結びついている。これは個人の問題ではない。現代において、科学とテクノロジーの汎通性は資本主義経済と政治のグローバル化と結びついて、人類と地球を一つの運命共同体とするに至っている。

（筆者　けた・まさこ　京都大学名誉教授／宗教学）

THE OUTLINES OF THE MAIN ARTICLES IN THIS ISSUE

Modes (*modi*) in Thomas Aquinas (Part I) Ontological Aspects of Modes

by

Taki SUTO
Professor of Medieval Philosophy
Graduate School of Letters
Kyoto University

Thomas Aquinas uses the term "modes" (*modi*) in various contexts. Like many other scholastics, he frequently makes distinctions, saying, for instance, that there are two different modes to understand the issue, and then explicating one mode (*unus modus*) and another (*alius modus*). In this sort of customary usage, "mode" means nothing more than "a way." Others, however, seem to have loaded meanings. Aquinas claims that every created good and being has its own mode, species, and order. Here "mode" means the limit or the standard of each being. Some remarkable usages are also found in his discussions on virtues. Aquinas claims that the mode of a virtue is, as it were, a sort of a form of the virtue, whence the virtue derives its praise and its name. Thus, we find ontological, ethical, and semantic aspects of modes in Aquinas's works. This article, which constitutes the first part of my study on Aquinas's modes, focuses upon the first aspects, i.e., the ontological aspects.

First, we analyse Augustine's statements on modes as a fundamental source of Aquinas's theory of modes. The Book of Wisdom says, "But you have arranged all things by measure, and number and weight" (11, 20 [21] NRSA). In interpreting this sentence, Augustine claims that each created good and being has a mode, species, and order.

Second, we examine Aquinas's interpretation of the Augustinian modes. Through the analyses of texts in which Aquinas discusses Augustine's triad of

mode-species-order, we shall see what these modes mean for Aquinas and how they constitute Aquinas's ontology.

Third, we focus on the dual meaning of "mode." Aquinas, as well as Augustine, acknowledges that God is a mode in a different sense from modes in creatures. God is a mode as a measure which assesses everything he creates while creatures have modes that are measured by the divine measure. The dual meaning of mode is not their invention but has existed in the usage of *modus* in classical Latin as "a measure with which, or according to which, anything is measured, its size, length, circumference, quantity" (Lewis & Short, *A Latin Dictionary*).

Fourth, we search for other sources of Aquinas's ideas of ontological modes. Aquinas attributes his famous ontological thesis "whatever is received is received according to the mode of the recipient" to Pseudo-Dionysius and the *Book of Causes*. The thesis itself, however, cannot be found anywhere in these works. Hence, we examine how the idea of this thesis is originally found in them.

In the final part of this article, we consider the differences between "modes of being" (*modi essendi*) and "modes of existence" (*modi existendi*) so as to reach a precise understanding of Aquinas's claim that every created being has its own mode and mode of being.

The Thesis of Forms as Causes in Plato's *Phaedo*

by

Atsushi Hayase
Associate Professor
Graduate School of Letters
Kyoto University

This article addresses itself to two central and fundamental interpretative problems concerning the thesis of forms as causes, which consists of the form hypothesis and the participation hypothesis, as put forward by Socrates in *Phaedo* 100b1–e4. The first problem is concerned with the ontological status of forms, or Forms as it is usually written by scholars, and the second with the meaningfulness of this thesis.

First, there has been continuing disagreement among scholars about the ontological status of forms/Forms. Some scholars (separationists) claim that Forms are purely separate from perceptible things, as evidenced by e.g. *Symposium* 211a1–b3. Others (immanentists) claim that Forms can somehow be immanent in perceptible things, as evidenced by e.g. *Phaedo* 100d4–7 and *Republic* 476a5–8. The immanentists regard largeness in Simmias mentioned in 102b5–6 as a Form, while the separationists regard it as an immanent character or Form-copy, which is perceptible.

My diagnosis of this interpretative cul-de-sac is that the monolithic understanding of forms is at fault. I propose that Socrates originally conceived of forms as a broad concept which includes two ontologically different kinds of intelligible entities, i.e. those exiting *by themselves* (or the true beings, τὸ ὄντως ὄν) and those existing *in connection with things, actions, and situations* (which are at issue in the so-called definitional dialogues and the method of collection and division). I argue that this interpretation can explain Plato's presentation of the thesis of forms as causes consistently throughout, including evidence brought forward by both the separationists and the immanentists.

As for the second problem, many scholars believe that the participation hypothesis (that any *x* is *F* because it participates in *F*-ness) is tautological or uninformative, and attempts proposed to explain its significance seem to me to

have been unsuccessful. I myself call attention to the fact that it is a philosophically significant decision to assume that, for example, any kind of beautiful thing, be it a person or a mathematical formula, is beautiful on account of one single cause, i.e. the participation in the form of beauty. I also suggest that this assumption should contribute to our judgement about the real world because it enables our search for the definition of F-ness, which is required to judge whether or not something is F in reality, by positing the single form of F-ness.

Das entwerfende Denken: die Religionsphilosophie, die Philosophie Nishidas und Buddhismus (Teil 1)

von

Masako KETA
Professorin Emerita
Kyoto Universität

In der Neuzeit kommt das Wort Religion als Sammelwort im Sinne des gegenwärtigen Wortgebrauchs in Gebrauch. Damit fängt auch die Betrachtung über die Religion an. Die Vernunft gibt darin die Perspektive vor, in der die verschiedenartigen Phänomene des Glaubens zusammengefasst und verstanden werden können. Das Wissen von der Religion ist betrifft damit auch das Denken über die natürliche Vernunft, mittels derer wir uns Wissen erschließen. Was und inwiefern kann der Mensch durch die ihm eigene natürliche Vernunft erkennen? Kant setzt sich in grundsätzlicher Art und Weise mit dieser Frage auseinander. Zuerst zeigt er die Struktur der Erkenntnis und ihrer Grenzen auf, indem er die spekulative Vernunft der Kritik unterzieht. Dann übt er Kritik an der praktischen Vernunft und etabliert schließlich das Vertrauen auf und den Glauben an die reine Vernunft.

Kant ist der Meinung, dass die konkreten Ausprägungen des Glaubens unterschiedlich sein können. Die wahrhaftige Religion ist für Kant demgegenüber einzig und besteht allein im Glauben an die reine Vernunft. Aus der Allgemeinheit des Glaubens an die reine Vernunft folgert Kant: „Der allmähliche Übergang des Kirchenglaubens zur Alleinherrschaft des reinen Religionsglaubens ist die Annäherung des Reiches Gottes“. In dieser These kommen auch Aufklärungsideen zum Ausdruck.

Horkheimer zeigt auf, dass sich das Verständnis der Vernunft im europäischen Denken während einiger Jahrhunderte grundsätzlich verändert: von der Vernunft als dem, was der Realität immanent sei, zur Vernunft als bloß subjektiver Funktion. Diese Veränderung bedingt nach Horkheimer auch, dass die Religion sich mit der Einordnung als Kulturgut begnügt. Wenn wir dieser

Sichtweise beipflichten, kämen wir nicht umhin einzugestehen, dass jene Religionsphilosophie, die ihren Anfang bei Kant nimmt, verloren ginge. Aber der Schluss „ Religionsphilosophie verliert ihren Existenzsinn“ erscheint übereilt, insofern die Möglichkeit der Religionsphilosophie als moderner Philosophie darin liegt, in der Begegnung mit anderen Religionen, die anders sind als das Christentum, einen Ort verfügbar zu machen, der eine eigene Neuzeit ausbildet. In einem solchen Fall kämen die Möglichkeiten der Religionsphilosophie überhaupt erst zur Geltung – ein konkretes Beispiel finden wir in der Philosophie von Nishida Kitarô.

会告

一、本会は会員組織とし会員には資格の制限を設けません。入会希望の方は京都市左京区吉田本町京都大学大学院文学研究科内京都哲学会（振替口座〇一〇二〇－一－四〇三九　京都哲学会）宛に年会費六、〇〇〇円をお支払下さい。

一、会員の転居・入退会の事務及び編集事務の一切は京都哲学会宛に御通知下さい。

一、本誌の編集に関する通信・新刊書・寄贈雑誌等は本会宛にお送り下さい。

一、本誌への論文の投稿は、原則として本会会員のみ受付け、掲載の可否については、編集委員会と編集委員会で委嘱した委員（若干名）の査読を経て、編集委員会で決定する。（本会主催の公開講演会の講演原稿の掲載など、編集委員会依頼による論文掲載については、この限りではない。）

京都哲学会
〒六〇六－八五〇一
京都市左京区吉田本町
京都大学大学院文学研究科内
（〇七五－七五三－二八六九）

令和四年七月十六日印刷
令和四年七月二十八日発行

編集兼発行人　京都大学大学院文学研究科内　京都哲学会

編集委員　杉村靖彦
児玉聡
上原麻有子

発売所　京都大学学術出版会
京都市左京区吉田近衛町六九
京都大学吉田南構内（六〇六－八三一五）
電話〇七五－七六一－六一八二

印刷所　株式会社文成印刷

註文規定

一、本誌の御註文はすべて代金送料共（一部、送料二〇〇円）前金にて京都哲学会宛お送り下さい。

ISBN978-4-8140-0438-6

ISBN978-4-8140-0438-6 C3310 ¥2500E
定価：本体2,500円（税別）

THE JOURNAL OF PHILOSOPHICAL STUDIES

THE TETSUGAKU KENKYU

NO. 608 July 2022

Articles

Published by
THE KYOTO PHILOSOPHICAL SOCIETY
(The Kyoto Tetsugaku-Kai)
Kyoto University
Kyoto, Japan

ISSN 0386－9563

哲學研究

第六百八號

令和四年七月二十八日發行

京都大學大學院文學研究科内
京都哲學會

京都哲学会規約

一、本会は広義における哲学の研究とその普及を図ることを目的とする。
二、右の目的のために左の事業を行う。
㈠会誌「哲学研究」を発行する。
㈡毎年公開講演会を開く。
㈢随時研究会を開く。
三、本会の事業を遂行するために委員若干名をおく。委員は委員会の中から互選により代表一名をおく。委員は京都大学大学院文学研究科の旧哲学科系所属教官の有志、および委員会において推薦したものに委嘱する。
四、委員会の中に「哲学研究」の編集委員会をおく。
五、本会は賛助員若干名をおく。賛助員は会員の中から委員会が推薦する。
六、本会は会員組織とし、会員には資格の制限を設けない。学校・図書館・其他の団体は団体の名を以て入会することができる。
七、会員は年会費五、〇〇〇円を納める。なお、学生会員（学部生および大学院生）は、事務局に申し出れば、減額制度を利用することができる。その際、年会費を四、〇〇〇円とする。
八、会員は会誌の配布を受け会誌に予告する諸種の行事に参加することができる。
九、本会は事務所を京都大学大学院文学研究科内におく。
十、規約の改正は委員会の決定による。

京都哲学会委員